图解服务的细节

064

すぐ分かるスーパーマーケット陳列と演出ハンドブック

超市现场
陈列与展示指南

[日] 铃木国朗 编

洪娟 译

人民东方出版传媒
People's Oriental Publishing & Media
東方出版社
The Oriental Press

图字：01-2017-8253 号

图书在版编目（CIP）数据

超市现场陈列与展示指南／（日）铃木国朗 著；洪娟 译. —北京：东方出版社，2018. 7
(服务的细节；064)
ISBN 978-7-5207-0474-8

Ⅰ. ①超…　Ⅱ. ①铃…②洪…　Ⅲ. ①超市—商品陈列—指南　Ⅳ. ①F713. 83-62
②F717. 6-62

中国版本图书馆 CIP 数据核字（2018）第 149413 号

服务的细节 064：超市现场陈列与展示指南
(FUWU DE XIJIE 064：CHAOSHI XIANCHANG CHENLIE YU ZHANSHI ZHINAN)

作　　者：［日］铃木国朗
译　　者：洪　娟
责任编辑：崔雁行　高琛倩
出　　版：东方出版社
发　　行：人民东方出版传媒有限公司
地　　址：北京市东城区东四十条 113 号
邮　　编：100007
印　　刷：北京文昌阁彩色印刷有限责任公司
版　　次：2018 年 7 月第 1 版
印　　次：2018 年 7 月第 1 次印刷
开　　本：880 毫米×1230 毫米　1/32
印　　张：7. 625
字　　数：142 千字
书　　号：ISBN 978-7-5207-0474-8
定　　价：60. 00 元
发行电话：(010) 85924663　85924644　85924641

序

《商品陈列与促销的教科书》自1995年9月作为《食品商业》临时增刊号问世以来，已经过去20余年。感谢众多读者，此后我获得了无数宝贵的机会去担任杂志、书籍的执笔者，制造商等举办的商品陈列竞赛的评委等。

我的活动领域不仅限于商店布局和店铺的营业活动，还包含了制造商的促销活动和商品开发活动。30余年来，我一直从事着这些工作，在此深表感谢。

“商品陈列、商品展示”是一个在实体商店开展的营业活动中占据极其重要地位的课题。此外，各种经营规模、业种、业态都非常关心如何高效提升商品陈列、商品展示的效果。

遗憾的是，多数研究仅仅关注这个问题的表面，单纯强调形象视觉。我认为，这样会导致商品陈列的表面效果被过度重视，商品的陈列和展示全凭个人的能力、技术。

最终结果，商品本身和运营组织得不到重视，即便在同一企业也常常遭遇各店铺、各部门的技术参差不齐，商品陈列失衡的窘境。

我们研究商品陈列，首先需对每一件商品精雕细琢。在部分柜台，使用道具、备用品、POP 将商品和柜台装饰得夺人眼球。若此种做法未能带来购买数的提升，那就意味着商品本身的风味、价格、分量、加工程度等存在问题。这样的柜台终究会丧失魅力、沦为放置商品的“堆砌场”。

产品陈列状态的优劣决定了顾客的第一印象。卖场整体井然有序、让顾客感受到商品的新鲜感，这是商品陈列的基础。

在此基础之上，自选型商店的基本要求——安全性高且一目了然的布局、便于挑选的配置、方便取放的陈列、丰富多彩的信息、给顾客带来强烈共鸣的卖场展示等内容缺一不可。

“商品陈列”与“商品展示”，前者是陈列商品的技术，后者是让陈列出的商品更加醒目的技术。

如何动摇顾客的心理，关系到销售额如何变化。尤其是食品零售业，需要研究餐桌上每个季节、每月、每周的变化，根据销售计划，将经营体系中的企业和店铺的主张清晰地表现出来，传达给顾客。

为了打造受大众青睐的店铺，必须着眼于持续提高顾客对商店的忠诚度（即顾客对商店的信赖），想方设法增加更多的回头客。

本书以最大限度地表现商品价值的基本技术为核心，第1章总结了提高顾客回游性的技术体系——卖场营销（MD），以及有效利用磁石作用的原则。第2章讲述了卖场 MD 的实践——商品配置的基本技术。

第3章概述了陈列技术的种类和方法，陈列体系的6个基本，基本陈列与变化陈列的技术、应用。第4章总结了大量陈列的目标，作业方法、要点等。第5章论述了零售业的重大课题——操作的效率化和陈列的修复、调整的技术。

第6章讲述了色彩管理和让店内展示更具魅力的技术。第7章则列举了与卖场改善的基本要点之一——卖场美陈相关联的具体策略。最后一章第8章论述了自选型店铺不可或缺的、重新受到重视的POP广告。

拙作若能如书名所示，通过商品陈列和展示，最大限度地展示货品齐全的优势和商品价值，成为各店铺、各企业在坚守自身理念的基础上，表现、主张“自身特色”的指南手册，那无疑是笔者的无上荣幸。

铃木国朗

目　录

第1章

超市营销（MD）

提高顾客回游率的技术体系

在实体商店，顾客可以通过五官来实际感受整个商店的商品价值表现方式、促销宣传的实惠、购物的乐趣、购物时的发现、商品信息等。因此，店铺应设计利于回游的通道和便于选购的柜台来增加顾客的共鸣。这一系列的技术就称为店内商品营销（MD）。

店内 MD 中最重要的是设计店内的顾客购物动线。首先要保障顾客进入停车场和停车的便捷性。其次需梳理从顾客进店、到在收银台完成结账、直至走出店门为止的所有环节，整顿购物环境。最后再设计、引导顾客的购物动线。此项卖场布局技术，是经营一个店铺的前提技术。

请看图表 1-1。决定着店铺销售额的顾客购买金额主要由如下 6 个要素组成。

第一要素便是顾客的“动线长度”。要让顾客走过卖场的每个角落，必须想方设法提高每个卖场的通过率。尤其是自选型小商铺，通过率低的地方容易变成死角，因此将通过率数据化后进行验证意义重大（图表 1-2）。

“停留率”指的是经过卖场前的顾客当中，停留人数所占的比例。

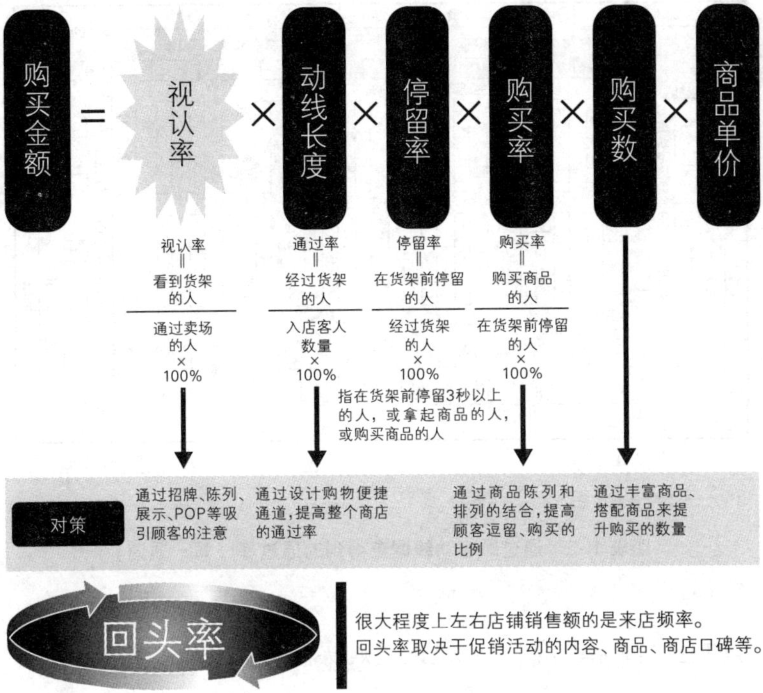

图表 1-1　购买金额与顾客动线

“购买率”指的是在卖场前停留的顾客中实际购买商品的人数比例。因此，营造方便顾客回游的卖场环境、引导顾客毫无障碍地光顾各个卖场等措施，对控制顾客动线长度、延长顾客在卖场前的停留时间十分有效，也是购买率提升的关键之所在。

“购买数”指的是卖场所销售的商品数量。以商品本身的魅力为基础，通过商品陈列技术、传单策划、端架的联动性、陈列商品的关联性等技术，可以提高购买数。以上 4 点，

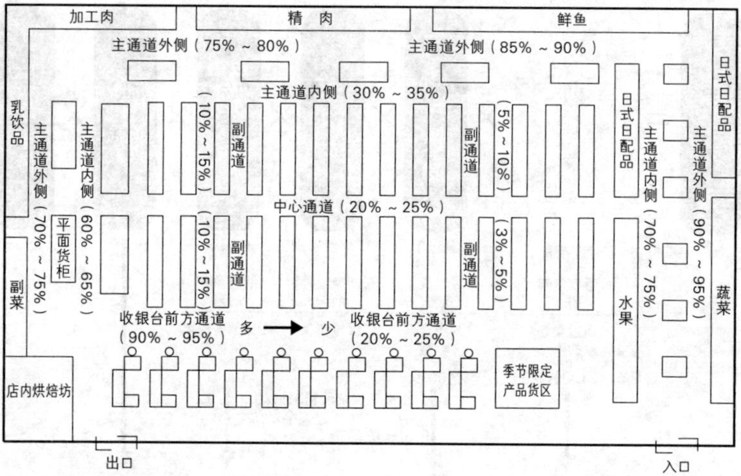

请注意，通过率也会因时间段、星期几而产生差异

图表 1-2　通过顾客动线调查得到的通过率（每一通道）

再加上“商品单价”，就是提高购买金额的 5 个一般要素。

卖场技术与视认率的提高

这 5 个一般要素还有一个重要的前提——“视认率”。本书最大的目的就是探讨如何通过卖场技术提高视认率。

视认率是为了提高前述停留率的技术。例如，购物中心（SC）等大型商业设施的商店入口就承担了将顾客引入的作用。此外，店内的地面、天花板、墙壁、柱子、标志等，甚至还包括那些能够最大限度地宣传商品本身价值、促销的店内规划技术、商品陈列和商品展示的技术等，都是为了“让顾客首先获得一种视觉认识”。

这种提升视认性的策略，实际上在顾客进入店铺之前就已经开启了。因此，准确地说，上述的视觉认识既是为了引导顾客走进店铺的视觉认识，也是为了促使顾客停留的视觉认识，同时还是顾客停留之后脑海中所残留的视觉认识。

此外，时刻保持卖场简洁明快、便于通行、乐趣横生、利于购买，确保任何时间段、任何顾客进店后的视觉认识也非常重要（图表1-3）。

❶ 为了方便店内顾客的回游，是否对主通道、副通道、收银台周围进行过设计？
❷ 生鲜区域的“第1磁石”是否发挥了效果？
❸ 是否有平面展台或其他物件阻碍了顾客的动线？通过率较低的通道是否不够醒目？
❹ 以部门为单位的商品区中是否有效地配置了畅销货种或畅销产品？是否提高了停留率？
❺ 顾客能否顺利地从面向主通道的生鲜部门走到副通道？
❻ 是否有计划地灵活运用了活动展销柜台和促销员，并验证过顾客的停留率？
❼ 是否给收银台留出了足够的空间？顾客是否能便捷地结账？
❽ 是否确保了高效的工作动线？

图表1-3　回游性高的店内布置的检查要点

即便是惠顾无数次的老顾客，也不可能记住所有卖场和商品的位置。

这就要求我们对店铺的位置、规模、目标客户、顾客数量等进行反复假设和验证。与此同时，还需引入新货架、新商品、趋势的变化等，以促使超市的整体布置和商品陈列水平更上一层楼。

实际上，提高视认性的方法也能够带动员工作业效率的提高。将卖场打造得一目了然，也是确保订货、补货、摆货等作业更加顺畅且精准的前提条件。

磁石卖场及柜台的原则

所谓“磁石”，指的是比周围更醒目、更有魅力的产品或卖场。

为了让顾客在货架的每一个角落回游，有效地布置磁石卖场和柜台是关键。重点商品、重点货架、畅销货种、畅销商品等都是磁石。将这些磁石配置到合适的位置，能引导更多的顾客进入卖场。

此外，磁石卖场和磁石商品还会让顾客产生出兴奋、激动的心情。

尤其在顾客利用周末时间购物时，既要满足其购物目标，也应让其感受到消费时间的快感。这样的卖场才能如余音绕梁般留驻在顾客的脑海中。

磁石卖场就是一个能满足顾客此种需求的地方，为了适应不同顾客阶层、不同时间段、不同购物季的需要，必须有效地变换磁石商品和磁石卖场。

有效利用磁石卖场

磁石卖场分为 4 类，功能各异。拥有“磁石”作用的主要商品（群）和磁石的布置重点如下（图表 1-4）。

·“第 1 磁石”：沿主通道周围布置、陈列的商品，如生鲜食品、副菜、日配等主力商品

·“第 2 磁石”：主通道角落里的商品，如精肉、鲜鱼、副菜等

·“第 3 磁石”：平面展台、贡多拉端架上的商品，如生鲜食品、日配、副菜、食品杂货、点心、酒类、日用杂货等

·“第 4 磁石”：贡多拉通道内部的柜台化、特卖促销等

最近，在磁石卖场中，向客户推荐饮食菜单、食用场景、健康养生等进行关联销售的做法也十分盛行。

图表 1–5 所展示的是磁石卖场中不同商品部门间进行关联性产品销售的示例。为了增加购买数量和顾客人均购买金额，应避免畅销商品和滞销商品分别集中陈列，尽可能地将畅销和滞销商品交叉进行陈列。

尽管卖场布置的研究在不断地发展，但“死角”的出现终难避免。有的卖场，即便陈列强势商品，其销售量也不及畅销卖场的一半。相反地，有的卖场，即使陈列的商品十分弱势，其销售量却可达到平常的两三倍。因此，基于商品计划或活动展开计划，有效地布置磁石卖场及柜台至关重要。

磁石卖场的布置要点

布置磁石卖场时，必须从以下两个视点来探讨。

第一，考虑顾客的购物动线。

若优先陈列磁石卖场或磁石商品，顾客便会扎堆购买，

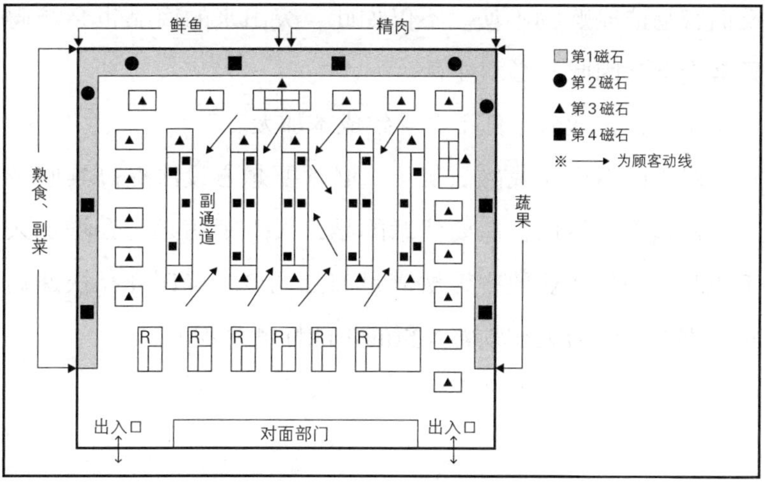

图表 1-4　“磁石卖场”的分类和布置

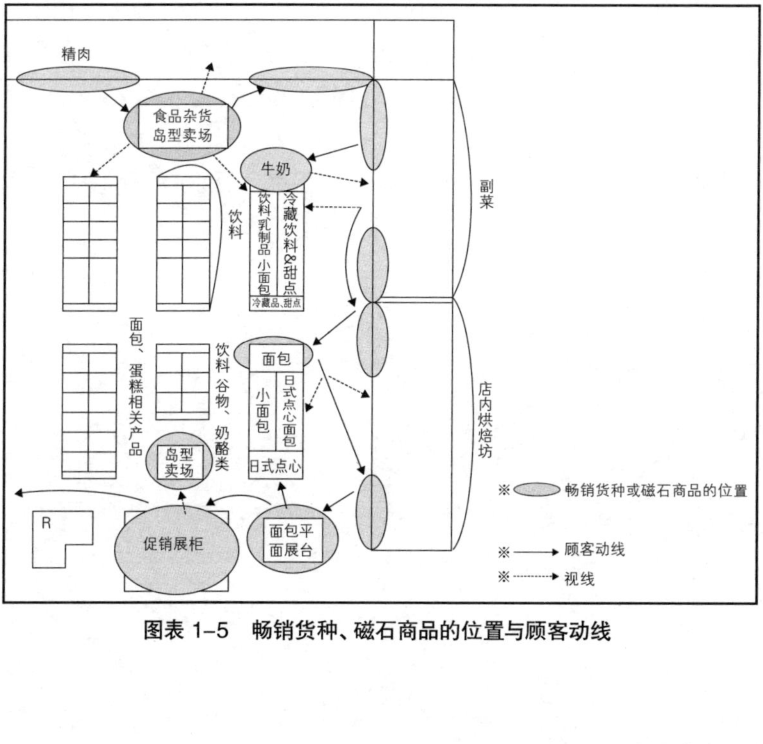

图表 1-5　畅销货种、磁石商品的位置与顾客动线

反而容易造成购物不便。不仅如此，突出来的商品也会妨碍顾客走动。因此，必须注意。

第二，作业效率低下会导致成本加大。

对于磁石商品或磁石卖场，必须要想方设法提高其回游率或停留率。然而，需要注意的是，人工销售必定会增加人工耗时。一旦作业效率无法满足商品调度、确保商品快速周转，那么机会流失和频繁补货的可能性就会加大。

畅销货种与死角

畅销货种是指非常抢手的货品种类。然而，陈列畅销货种的卖场前后往往存在着商品流通缓慢的死角。充分了解死角并试图予以改善，可有效提升卖场效率。

①死角的盲点

若畅销货种和磁石商品集中在沿主通道的一侧，那么顾客就会停留在该侧。如此一来，对面卖场的通过率就会降低、容易成为死角（图表 1–6）。此外，若将磁石商品集中在无盖货柜的下段，其中段至上段的空间则容易成为死角（图表 1–7）。

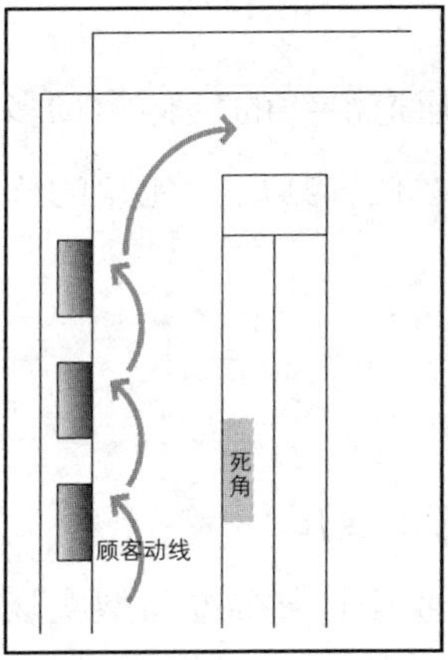

图表 1–6

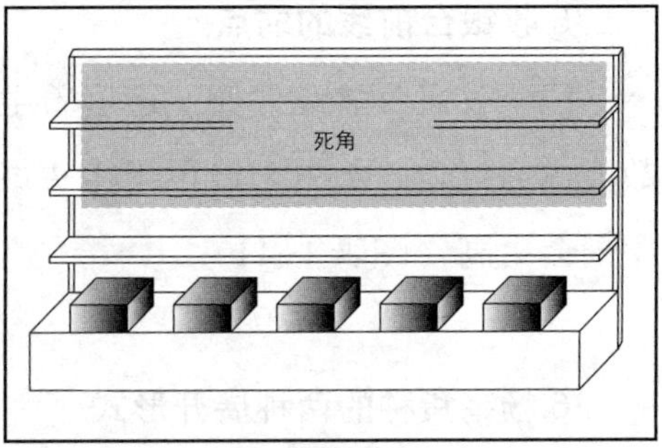

若畅销货种和磁石商品集中在沿主通道的一侧，顾客就会停留在该侧。如此一来，对面卖场的通过率就会降低、容易成为死角。此外，若将磁石商品集中在无盖货柜的下段，其中段至上段的空间则容易成为死角。

图表 1–7

②平面展台的注意事项

若畅销货种和磁石商品集中在主通道的岛型卖场，两侧卖场的视认率则会下降，容易成为死角（图表1-8）。

③收银台前面的商品陈列要点

在主通道的最末尾部分，由于直接涌向收银台的顾客动线增强，靠近收银台前线的主通道沿线的卖场则很容易被忽略，成为死角（图表1-9）。

④商店内的注意事项

主通道的最末尾部分，由于直接涌向收银台的顾客动线增强，位于最末尾部分的店内烘焙坊等卖场的通过率容易下降（图表1-10）。

⑤收银台前线的弱点

位于收银台前线外侧、连接着主通道沿线的延伸卖场多数会成为死角。若出入口位于中央或右侧，其成为死角的概率则会更高（图表1-11）。

⑥畅销货种的两种展开形式

畅销货种的陈列可在以下两种情形下展开。

其一为小型商店中通道狭窄、主通道上未布置岛型卖场的情况。此时，顾客动线与卖场角落的距离很近，将畅销货

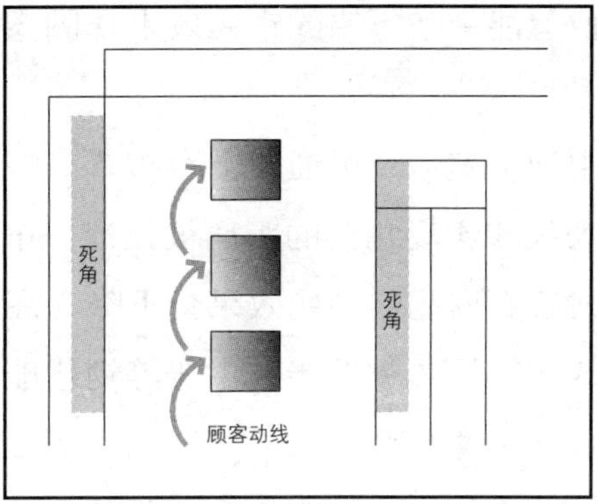

畅销货种和磁石商品集中在主通道的岛型卖场时，两侧卖场的视认率会下降、容易成为死角。

图表 1–8

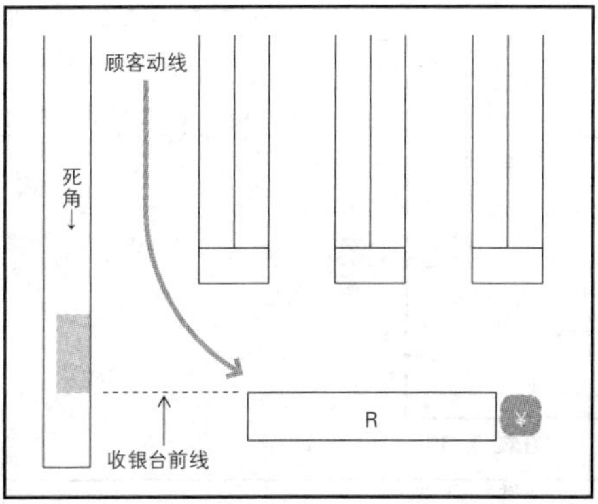

在主通道的最末尾部分，由于直接涌向收银台的顾客动线增强，因此靠近收银台前线的主通道沿线的卖场容易成为死角。

图表 1–9

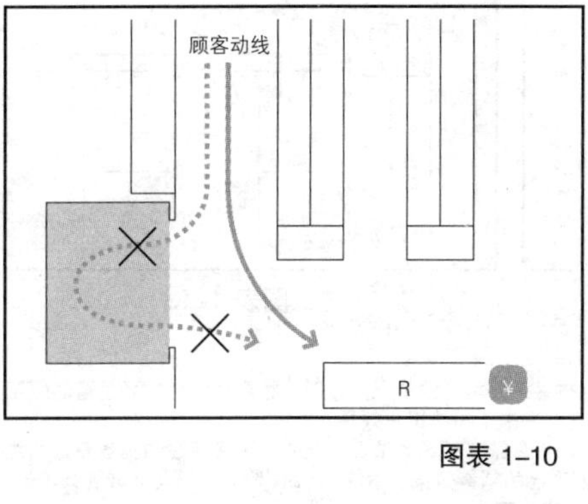

主通道的最末尾部分，由于直接涌向收银台的顾客动线增强，因此在最末尾部分的店内烘焙坊等卖场的通过率容易下降。

图表 1–10

种或磁石商品布置在角落位置能带来不错的销售效果（图表1-12）。

其二为中、大型商店中通道宽敞、主通道上有布置岛型卖场的情况。此时，顾客动线和卖场角落的距离被拉远，布置在角落位置的畅销货种或磁石商品的销售效果会下降（图表1-13）。因此，除非在这些区域陈列鸡蛋、牛奶等销售能力极高的畅销货种，否则很容易成为死角。

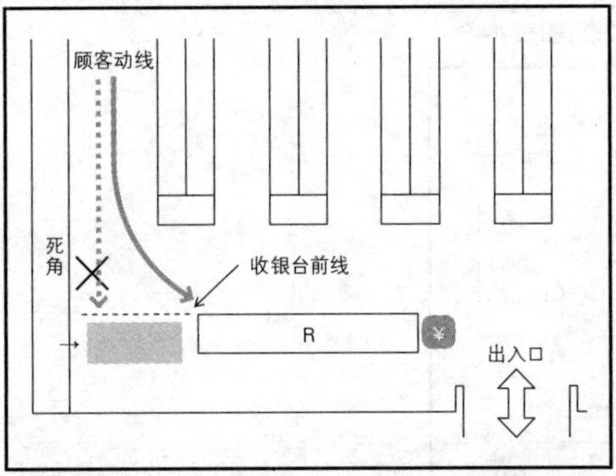

位于收银台前线外侧、连接着主通道沿线的延伸卖场多数会成为死角。若出入口在中央或右侧，其成为死角的概率则会更高。

图表 1-11

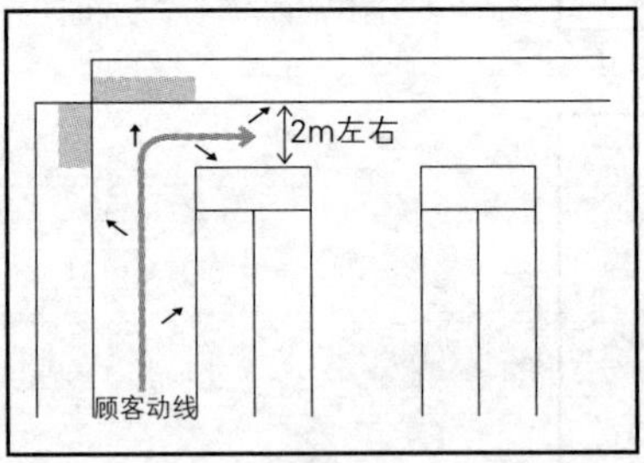

图表 1-12

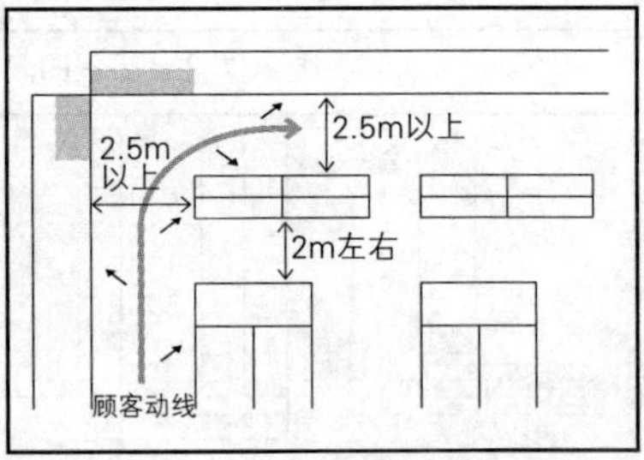

图表 1-13

畅销货种的两种展开形式：
其一为小型商店中通道狭窄、主通道上没有布置岛型卖场的情况。此时，顾客动线与卖场角落的距离很近，将畅销货种或磁石商品布置在角落位置能带来不错的销售效果。
其二为中、大型商店中通道宽敞、主通道上有布置岛型卖场的情况。此时，顾客动线和卖场角落的距离被拉远，布置在角落位置的畅销货种或磁石商品的销售效果会下降。因此，除非在这些区域陈列鸡蛋、牛奶等销售能力极高的畅销货种，否则很容易成为死角。

⑦让顾客回游平面展台的方法

按照图表 1-14 布置的岛型卖场，购买率很容易按照 A→B→C→D 的顺序依次降低。

按照图表 1-15 布置的岛型卖场，购买率则很容易按照 A→B→C→D→E→F 的顺序依次降低。只是，此时 A 与 B 的购买率几乎同高，E 与 F 的购买率几乎同低，差异极其细微。

⑧岛型卖场的陈列

“第 1 磁石”对面的冷藏平面展台高度若达到 5m 以上，岛型卖场一侧的通过率便会降低，此时，要把顾客吸引到副通道上的难度也会加大（图表 1-16）。

若 3 个冷藏岛型卖场相连布置（8 尺双平面型×3），购买率则容易按照 A→B→C→D→E→F 的顺序降低。只是，A 与 B 的购买率几乎同高，E 与 F 的购买率几乎同低，差异甚微。

⑨平行位置的岛型卖场

如图表 1-17 所示，在主通道设置两处平行的岛型卖场时，A 位置陈列的商品的购买率会显著降低。

⑩通道宽度与回游性的关系

当主通道的宽度超过 12m 时，陈列在 A 位置的商品的购买率则会显著降低（图表 1-18）。

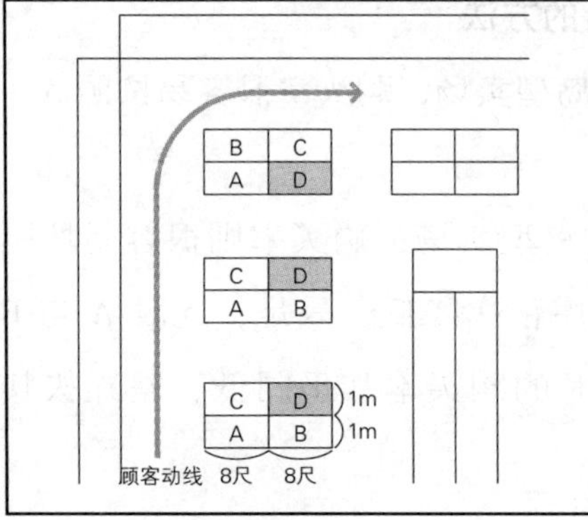

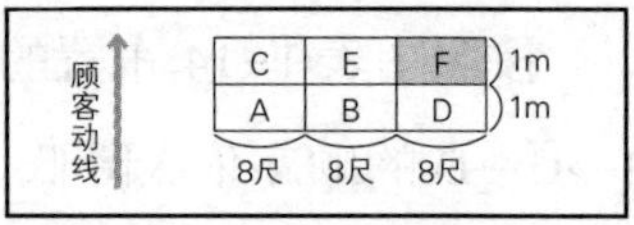

按照图表1-14布置的岛型卖场，购买率容易按照A→B→C→D的顺序降低。

按照图表15布置的岛型卖场，购买率容易按照A→B→C→D→E→F的顺序降低。只是，A与B的购买率几乎同高，E与F的购买率几乎同低。

图表 1-15

图表 1-14

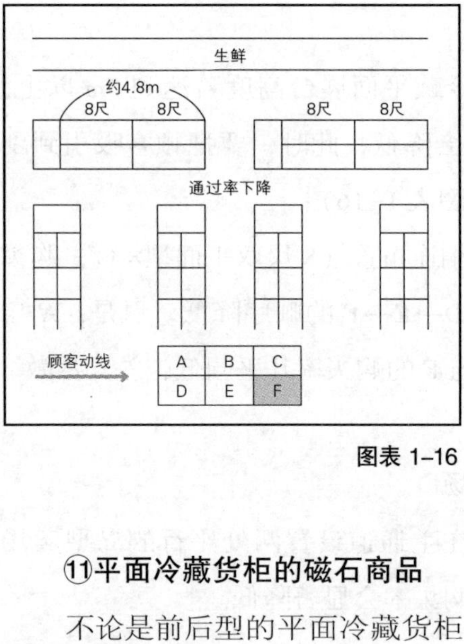

“第1磁石”对面的冷藏平面展台若达到5m以上，岛型卖场一侧的通过率便会降低，此时，要把顾客吸引到副通道上的难度也会加大（图表1-16）。

若3个冷藏岛型卖场相连布置（8尺双平面型×3），购买率则容易按照A→B→C→D→E→F的顺序降低。只是，A与B的购买率几乎同高，E与F的购买率几乎同低。

图表 1-16

⑪平面冷藏货柜的磁石商品

不论是前后型的平面冷藏货柜，还是单体型的平面冷藏货柜，只要在通过率高的一侧或中央打造出“磁石”即可(图表1-19)。

⑫突出式陈列的弱点

在无盖货柜中经常使用突出式陈列，此时，中段至上段的卖场容易成为死角（图表 1-20）。

⑬贡多拉货架的商品周转率

陈列在基座纵深为 60cm 或 90cm，或者最下段为突出式的贡多拉端架中的磁石商品，其最下段的周转率最高，越往上周转率越低（图表 1-21）。

⑭贡多拉货架的黄金区域

陈列在基座纵深为 30cm 或 35cm 的平板式贡多拉端架中的商品，离地约 1.2m 左右的黄金区域的货架周转率最高，越是 1.5m 以上或越是下段的货架，其周转率越低（图表 1-22）。

⑮贡多拉货架、贡多拉端架与通道宽度的关系

通道宽度不同，贡多拉货架、贡多拉端架的视认率也会有所不同。

当通道宽度不满 1.2m 时，其视认率与贡多拉货架的高度、基座纵深关联不大，除去 1.2m 左右高度的黄金区域，其余各处视认性均很低。另一方面，若通道宽度达 1.7m 左右或以上，则 1.7m 高度以下区域的视认性则会有所上升。

然而，一旦通道宽度超过 2.5m，商品和顾客之间的距离被拉远，视认性便会呈现有所降低的趋势。

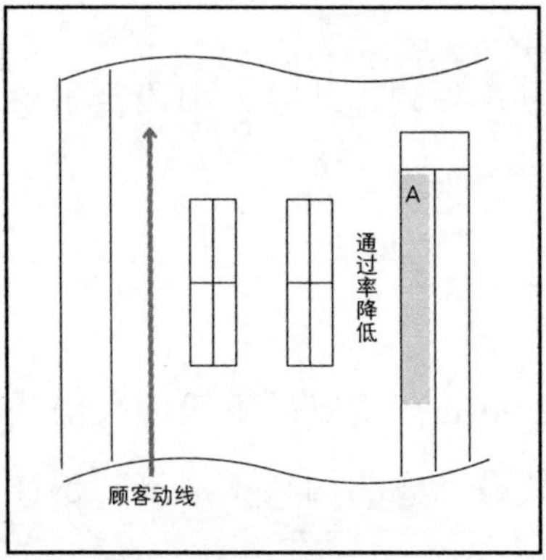

在主通道设置两座平行的岛型货架，A位置陈列的商品的购买率会显著降低。

图表 1–17

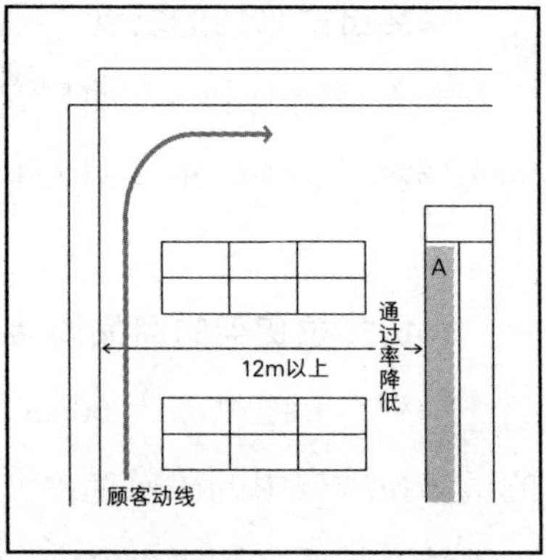

当主通道的宽度超过12m时，那么A位置的商品的购买率会显著降低。

图表 1–18

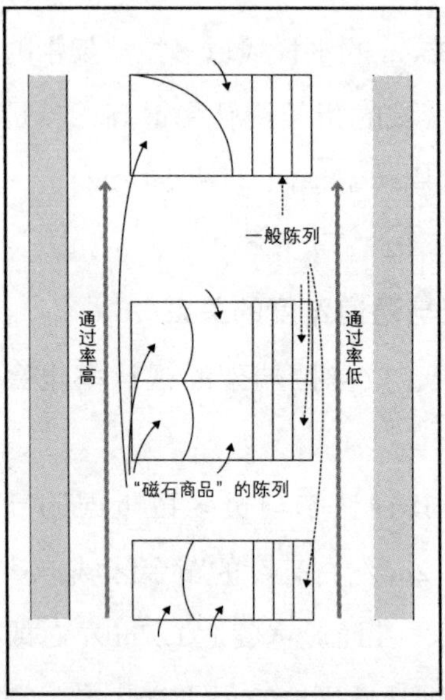

不论是前后型的平面冷藏货柜，还是单体型的平面冷藏货柜，只要在通过率高的一侧或中央打造出"磁石"即可。

图表 1–19

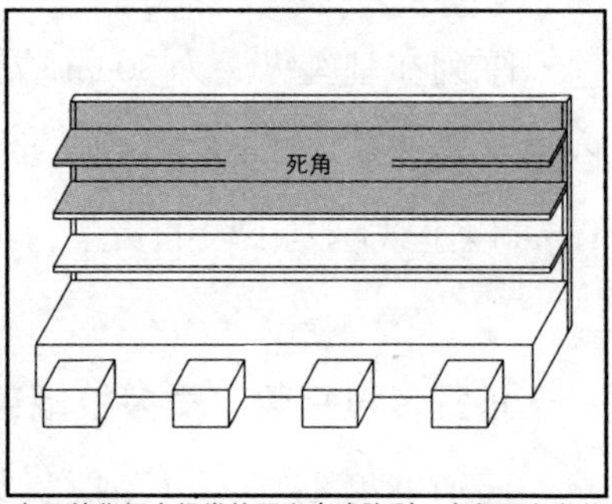

在无盖货柜中经常使用突出式陈列，中段至上段的卖场容易成为死角。

图表 1–20

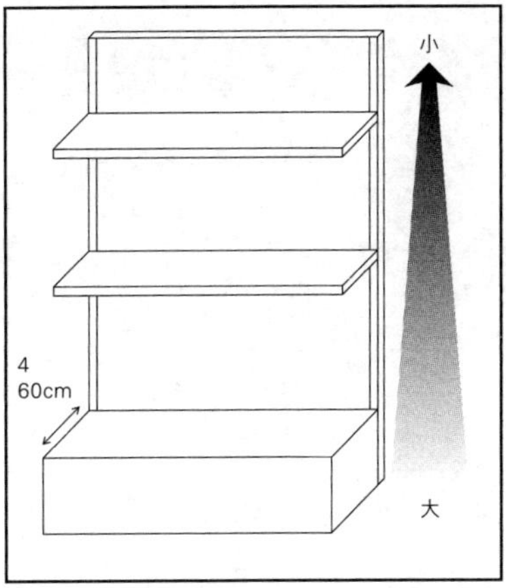

陈列在基座纵深为60cm或90cm，或者最下段为突出式的贡多拉端架中的磁石商品，其最下段的周转率最高，越往上周转率越低。

图表 1–21

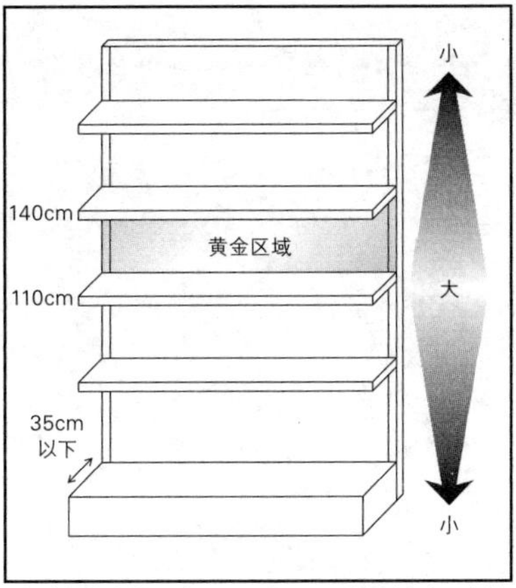

陈列在基座纵深为30cm或35cm的平板式贡多拉端架中的商品，离地1.2m左右的黄金区域的货架周转率最高，越是1.5m以上或越是下段的货架，其周转率越低。

图表 1–22

第 2 章

超市营销的实践

4个强力“磁石”，让商品畅销起来

❖让顾客购买欲大增的贡多拉端架

平面展台和贡多拉端架是零售业商品展示中最流行的配置方式之一。

也被称为“第3磁石”的平面展台与贡多拉端架，不仅能让顾客自然而然地回游、延长顾客动线，还能增强整个卖场对顾客的吸引力。

这样的卖场除了能最强有力地宣传企业或店铺的理念、特征，还能对销售额做出巨大贡献。

最适合陈列在贡多拉端架的商品

贡多拉端架的商品配置的目的和效果主要有以下三个方面。

● *磁石效果*

通过陈列物美价廉的商品，提高消费者的视认性、刺激他们的购买欲望，能够起到增加经过的顾客数量、引导消费者走进副通道的效果。

● **提升卖场形象效果**

推出打折商品、季节限定产品、制造商赞助产品等主题，通过生动的陈列和展示、丰富的陈列量、准确传达商品特征的 POP 等，能够提高顾客的停留率、营造出一个让顾客购买欲大增的卖场。

● **交流效果**

大量使用印有商品形象的展板或图片、POP 广告、菜谱等，在陈列相关产品时，可通过推荐组合菜单、提供与生活密切相关的节日活动信息等达到提高销售率的目的。

适合陈列在贡多拉端架的商品有：

· 传单宣传商品、畅销商品、毛利高的商品

· 季节限定商品、节日活动用的商品、纪念日商品

· 自有品牌（PB）

· 能够让人囤货、顺手买走的商品

· 菜单组合的推荐商品

· 时髦产品

· 有特别推荐价值的产品

商品的关联性和陈列位置

陈列在平面展台或贡多拉端架的商品，应该是便于顾客购买的产品。如商品间有相互关联性、能和周围商品群搭配使用的商品等（图表 2-1）。

例如，果蔬中有切好的蔬菜、制作沙拉用的蔬菜、切块

里侧主通道区域的端架
沿着里侧主通道的后方端架，多数与生鲜卖场相对，经过的顾客数量多但停留的人数少，所以陈列购入频率高的商品或有价格竞争力的商品最为适宜。与生鲜相关的商品或新商品、建议型商品陈列在端架的效果较好。

中部的主通道区域的端架
面向中部通道的端架，为增加经过顾客的数量，适合陈列一些嗜好品或目标商品。然而，若过度强调超市内侧的主通道区域的端架或使通道宽度变狭窄等做法，则会导致该区域的魅力下降。

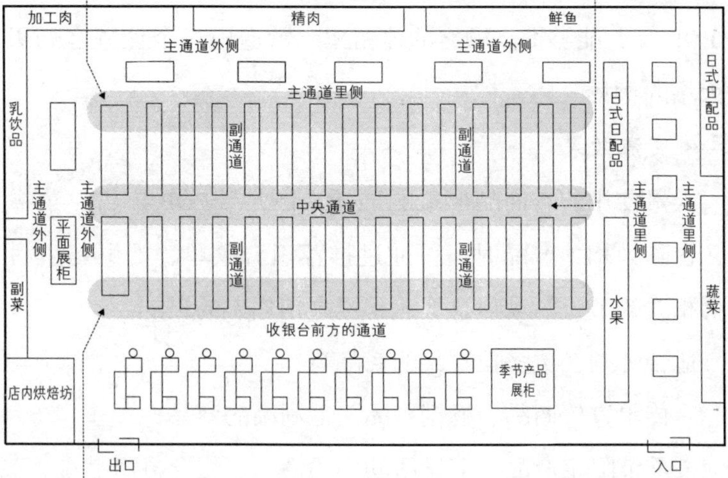

超市前侧端架
收银台前方的端架，适合通过一些生动的展示手法陈列季节性产品、让消费者易冲动购买的点心和饮品类、重量型商品、大型商品。越是靠近销售金额收入较多的收银台，销售能力就越高。

图表 2-1　端架的种类、特性、适宜陈列的商品

的水果等组成的沙拉食品销售区。食品杂货中，对着精肉、鲜鱼卖场的里侧主通道沿线上的后方端架，由于靠近磁力较强的生鲜卖场，经常出现客流量虽多停留率却很低的情况。因此，陈列调味品等购买频率较高的商品群或者价廉的产品，能够产生良好的效果。

考虑到与生鲜食品的关联性，可在面对精肉卖场的贡多拉架端架上陈列调味品、烤肉汁、咖喱、炖料等。此外，鲜鱼卖场前的贡多拉端架可以陈列蟹肉罐头、蛋黄酱、沙拉酱、腌菜调味料等。

在客流量较大的收银台前方的贡多拉端架上，除了可以陈列促使顾客冲动购买的商品、易于大量陈列的季节限定产品、打折商品之外，还适合展开一些大米等重量型商品或大型商品的活动。

经营端架的低成本技术

平面展台或贡多拉端架，由于位置和用途不同，陈列的主题和吸引消费者的商品也时常变化。因此要选择能有效吸引消费者的陈列方法和商品组合（图表 2-2）。

以“价格”为卖点的商品要大量陈列，以“主题”为卖点的商品要注意组合搭配。根据情况，采用样品式陈列等方法也能起到效果。大量销售型商品、主题商品、衍生商品等，可以根据商品的特性选择不同的陈列方法。POP必不可少。

图表 2-2 贡多拉端架的商品排列的基本模式

例如，当食品杂货类商品和非食品类商品以价格优惠为卖点陈列在端架上时，可考虑在货品数目上增加一些变化，使用富有魅力的、低成本的陈列方法来陈列商品。

以季节和菜单组合为卖点的平面展台和贡多拉端架，在采用适合大量销售的低成本陈列方法的基础上，可搭配商品展示的方法，使顾客联想到季节特色、想象到按照推荐菜单制成美味之后的样子。此外，还可组合使用样品式陈列的方法。所谓样品式陈列指的是在食品商店的门前摆出样品，以吸引顾客上门的陈列方法。

此时，应把认知度高、有望大量出售的特卖商品作为“磁石”，再陈列一些关联产品和衍生产品。为提高购物的便利性和主题性，应稍微多陈列一些商品。进行符合季节感的商品展示和迎合推荐菜单的卖场演绎也十分重要。

一般而言，视认性良好的平面展台和贡多拉端架，是我们最想提高销售效率的卖场。因此，该处的销售目标至少应设定为常规端架销售数量的3~5倍。同时采用适合大量销售的陈列和展示方法。

与常规贡多拉货架相比，平面展台和贡多拉端架的布置需要更多的人员和时间。不仅如此，店内维护的时间也与商品周转的时间成正比，周转越快，所需的维护时间也越长。因此，必须设计一个充分考虑作业时间和成本条件的店内布置，留意一些提高生产性的经营方式，包括可降低作业负担的贡多拉端架改造计划，以及开发、引入一些可提高工作效率的工具等。

综上所述，贡多拉端架和平面展台的经营方式多种多样。

其与卖场管理有 3 点共同之处，即："前推=将后排商品补到前排空出的位置""修复与调整=改变陈列样式""配置变更=将商品上下左右移动或移动到其他货架"。

操作成本以"前推"<"修复与调整"<"配置变更"的顺序排列，销售效果也按照此顺序依次上升。

因此，明确店铺的布置计划图十分必要。即要在店内的什么位置、用什么方式陈列何种商品等，都需提前规划清楚。此时要注意如下 5 点。

- **不费工夫**

在平面展台和贡多拉端架上采用合适的陈列，确保进行配置变更，修复、调整时，完全不费工夫。如使用铁丝篮或藤筐，进行杂式陈列等。

- **简单易做**

使用割箱陈列、杂式陈列等易操作的陈列方法。

- **巧用补充工具**

开发、使用陈列模型，既能营造出丰满感，又能抑制商品数量，削减工作量。

- **能够立即调整**

对于饮料等商品可使用自动补货器等进行补货，轻松完成排面调整。

- **能够立即撤换**

使用带脚轮的工具（图表 2-3）。

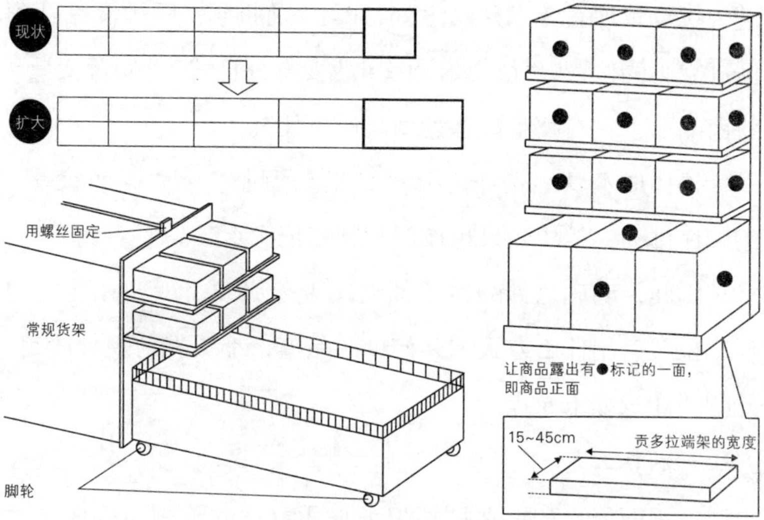

图表 2-3　灵活运用平面展台和地基的贡多拉端架

为了满足以上几点，我们应探讨如何通过与食品制造商、纸盒制造商等的共同开发，引进一些提高销售效率的省力工具等。除此之外，还应将探讨所得方案在从制造商到零售商的整个流通过程中大力推广、普及。

❖促使顾客回游的岛型卖场

所谓岛型卖场，是指设置在通道中央位置的卖场。与贡多拉端架一样，同属于第 3 磁石之一。高度为 60cm 左右时，多使用平面展台，有时也会使用 120cm 左右的小型多层冷藏柜和贡多拉货架。

在包围卖场四周的主通道上，岛型卖场如岛屿般点缀其中。与贡多拉端架相比，岛型卖场通过率较高，因此商品的视认性高，卖场整体的回游性也大大提高。

使用平面展台的岛型卖场

岛型卖场适合陈列周转快的商品以及价格吸引型商品。由于卖场关注度高，也可作为销售季节性商品的季节卖场，适用于衍生商品、高单价商品等。岛型卖场也常常配置冷藏柜，用来陈列日配及生鲜食品。

陈列方法以前进立体式（典型）陈列为基础，阶梯式陈列、倾斜式陈列、半圆式陈列均适用。将商品的正面对准顾客动线，控制陈列高度的同时，以相同的方法在多处合适的位置，设置多个大小合适的平面展台岛型货架、摆放宣传商品价值等信息的 POP。

陈列场所除主通道中央外，还可选择朝向收银台的顾客动线沿线以及中央通道等。有时也可将其配置于顾客难以回游的死角处，以提高通过率。需注意的是，要尽量避免在主通道的拐角处等位置配置有一定高度的商品陈列和工具，因为这样会妨碍卖场整体的视线。

此外，是否陈列强势商品，也可导致左右通过率千差万别。因此周密地制订陈列计划是极其重要的（图表 2-4）。

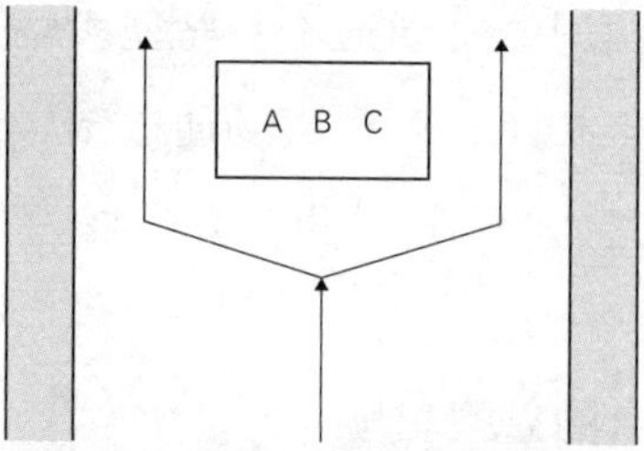

使用岛型卖场时，根据商品特性，区分使用割箱陈列、杂式陈列、圆管式陈列等方法。同时，控制陈列高度，正对顾客动线处设置POP。

图表 2-4 岛型卖场的基本模式

❖销售特卖商品的机会卖场

所谓机会卖场，指的是在贡多拉的常规卖场及冷藏柜周围有意识开展的卖场，属于第 4 磁石之一。主要目的是提高常规卖场及死角的通过率（图片 2-1）。

开展方法有以下 4 个要点：

· 为提高通过率和停留率，需在常规卖场区域开展机会卖场时，事先制作货架分配表及周全的计划很重要

· 锁定要展示的商品，不可太分散

· 宣传折扣和过剩库存商品、展示新商品、在点心卖场搭配绿茶等。用场景布置唤起顾客购买欲

· 方便顾客取放的陈列构思

此外，机会卖场还可用于销售大量特卖商品。

按照平面展台（促销展柜）→贡多拉端架→机会卖场→常规卖场的顺序，减少特卖商品及促销商品中滞销商品的库

图片 2-1　在贡多拉货架下开展的机会卖场

存，提高销售效率。

当特卖商品量低于最低陈列量时，便可将其撤出卖场。除去按月特卖等特卖期间较长的促销商品，其他商品尽管陈列量各异，但都应以一周为限，有计划地进行更新。

鉴于可利用空间有限，杂式陈列等富有变化的陈列方法比较有效。

图表 2-5 是精肉卖场中食品杂货的陈列示例。

利用主通道直角相交处的无盖货柜，将烤肉汁、汤汁、汉堡原料、香辛料、铁钎等通过使用藤筐的杂式陈列展示出来。销售烤肉汁等食品杂货商品时需要跟精肉部门做好充分的协调、沟通工作。

展示要点如下：

图表 2-5　与精肉卖场联系起来的机会卖场的示例

· 放置杂式陈列工具，确保可投掷商品入内
· 张贴“特价”“新商品”等 POP，提高视认性
· 有效利用陈列模型、打造商品的丰满感
· 有计划地更新陈列商品和卖场
· 陈列烤肉汁、汤汁、汉堡原料、香辛料等
· 注意确保后排商品易取易放

❖让人眼前一亮的不规则型陈列方法

所谓的不规则型陈列，指的是为避免卖场陈列千篇一律、沉闷无趣，有计划地使用不同寻常的方法对商品进行布置的陈列方法。比如，在陈列零食的平面展台上吸引顾客购买大米，在陈列调味料的平面展台上吸引顾客购买点心等。以一种意想不到的商品展示方法让顾客眼前一亮，进而提高来店率。

不规则型陈列方法也可用作卖场展示方法（图表 2–6）。

泡沫塑料	白桦原木	不锈钢圆盘	礼品用备用品
绿色草椅	红砖	陶制器皿	礼品用的箱子
积木	小石子	塑料托盘	礼品用的藤筐
展板	人造花	柳樽	包装纸
天蚕丝（钓鱼线）	稻壳	半月樽	礼品包装纸
铁丝筐	艺术作品	水桶	彩带
国旗	商品样品	中国灯笼	双面胶
竹筐	展示用的砂锅	菜谱	透明胶带
刨花填充物	展示用的干花	红酒架	剪刀
绿竹	奶酪火锅	小餐具类	遮蔽胶带

图表 2–6　可用在不规则型陈列中的陈列工具与备用品

例如，在促销卖场促销火锅类料理时，可摆上日式取暖桌实物，上面摆上锅、日本酒、下酒菜，营造出一种其乐融融、一家团圆的氛围。也可用丝线（钓鱼的线）将商品吊起，打造富有变化的卖场。

此外，能够让顾客眼前一亮的不仅有“物”，“移动”“发光”“发声”等动态因素也可提高不规则型陈列方法的效果。

然而，卖场的主角归根结底还是商品。一味追求奇特的陈列方式有时会抹杀商品的特性。为避免喧宾夺主，应确认该种陈列方式是否有衬托商品魅力的效果。此外，只有在确保周围商品的陈列井然有序时，不规则型陈列才能发挥其应有的效果。若不分对象，一味追求标新立异，只会让卖场显得杂乱无章，这点需要注意。

“销售”与“成本”的平衡

盈利是毋庸置疑的生存之道。店铺若想生存，必须确保盈利。在外部环境不断变化、人口不断减少的现状下，店铺人手不足的问题也逐渐凸显出来。这就要求我们为卖场里所有的展示商品创造销售机会。

相比副通道，平面展台和贡多拉端架确实在一定程度上提高了通过率、视认率，然而为了卖场的可持续发展，因地制宜地制订商品计划和展示计划势在必行。

对于贡多拉端架和平面展台，其中通过率较高的区域应持续不断地更新人气商品和促销商品以吸引顾客眼球；而通过率较低的区域，则应考虑重新设定主题，或更换成常规卖场，简化陈列和维护方法等，以达成削减成本的最终目的。

商品配置的基本技术

精心打造商品的易购性、购物的便捷性，提供丰富多彩的信息等——通过上述手段最大限度地发挥商品本身的价值，并最终提高顾客的满意度至关重要。其方法之一就是确定商品陈列位置，即“配置”的技术。

配置技术的前提是商品分类。所有商品都可分为大分类（部门）、中分类（品类）、小分类（品种），商品在每一级分类中所占的位置称为“商品的户籍地”。

结合企业和超市的销售战略、营销理念，按照商品类别、品种，打造便于购买且利于高效作业的商品构成。此为卖场配置的基本。

其要点是，以宽度为 3 尺、4 尺左右的陈列工具为标准，将组织好的商品有效地陈列、展示出来。这样便可以打造出一个易于顾客寻找、辨认、选择的卖场，对于超市来说，也可提高订货、摆货等作业的效率。

下面将试着探讨如何以商品特征或性质为基础，通过陈列技术的活用来展示商品群。

按品种和材料归纳的基本型

基本型即为常规卖场的基本配置方法。要点是易于辨认、易于选择。

• 分品种配置法（图片 2-2）

此方法为自选型商店最为普遍应用的一种方法。尤其是食品杂货类商品，因其品种繁多，故多使用此方法。此方法对于缩减商品的选择时间十分有效。

图片 2-2　分品种配置法（色拉调料类）

• 分材料配置法（图片 2-3）

例如，豆腐、腌菜等商品便可以按照材料的类别对商品进行分类陈列。

此方法为按照商品的户籍地进行配置的方法。

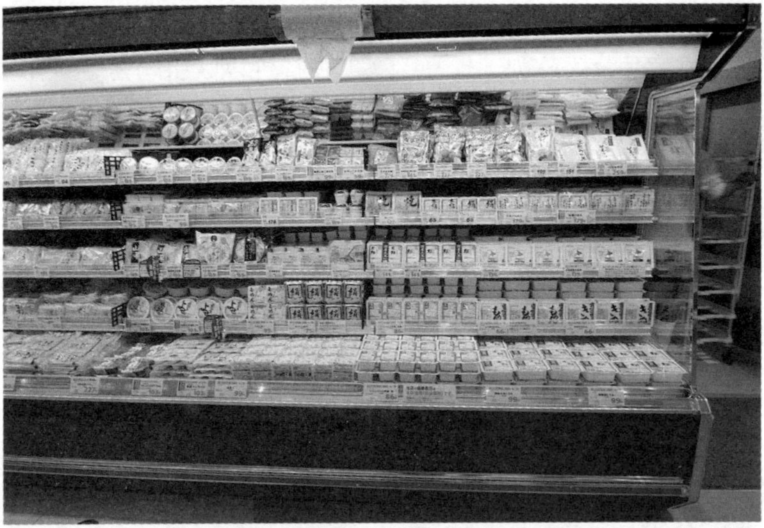

图片 2-3　分材料配置法（豆腐、纳豆等）

创造新卖点的应用型

与基本型不同，应用型是一种利用磁石效果创造新卖点的配置方法。

该配置对于强化菜单组合商品和季节特色商品的推荐效果，以及实现短时间购物意义重大，不可或缺。

应用型配置不仅适用于同一部门内的商品，还可跨部门、跨品类应用。常规卖场自不用说，端架、平面展台等货架的促销活动中，该配置也可大显身手。

• 分价格配置法（图片 2-4）

价格是左右顾客选取商品的因素之一。因此，为提升商品的易选择性以及购买的便利性，可以划分价格带，来陈列商品，如设置“100 日元商品区” 等。礼品区也可以按照价格带将商品分类陈列，提高购买的便捷性以吸引顾客。

• 按菜单组合配置法（图片 2-5）

该配置旨在为那些因菜单而发愁的顾客提供建议。把握并满足顾客需求以提高服务水平。

图片 2-4　分价格配置法（罐头）

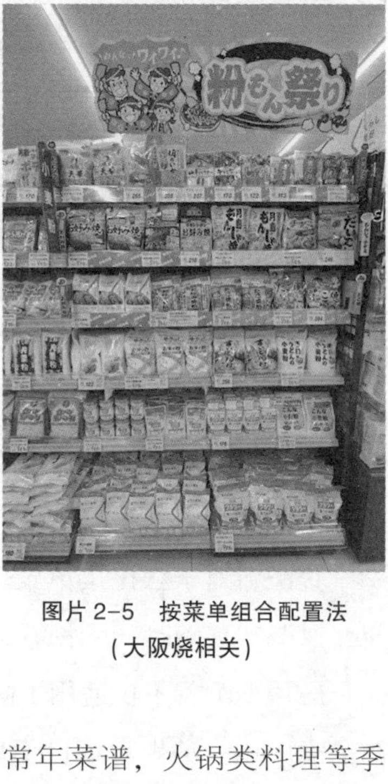

图片 2-5　按菜单组合配置法（大阪烧相关）

例如，可设计沙拉、咖喱等常年菜谱，火锅类料理等季节性菜谱，节日活动用的菜谱，新菜谱等，陈列相关商品组合售卖。主题商品之外还可以陈列一些关联商品、衍生商品、样品等，以提高商品的推荐力度，进而提高顾客购买数量和单位顾客购买金额，同时也可缩短顾客的选购时间。

- **分季节配置法（图片 2-6）**

重点陈列果蔬等季节性商品，可大大提高销售额和毛利润。其要点是灵活运用展板宣传、商品展示等充分营造出季节氛围。

图片 2-6 分季节配置法（梅子相关）

- **分功能配置法（图片 2-7）**

例如，在塑料瓶装饮料卖场，可以按功能、健康等主题归纳商品，即一种着眼于商品功能的配置方法。低盐、低卡路里、补充易缺营养的食物、特定保健食品、有机食品、超级食物等食品区也是此配置法的应用实例。

图片 2-7　分功能配置法（功能性饮料）

- **按分量配置法（图片 2-8）**

此方法为按照商品的重量、容量进行商品配置的方法。例如，可将大米类商品分成 10kg、5kg、2kg 等重量级别进行陈列。除此之外，还可以划分为一次性食用，小、中、大的分量来进行分类陈列。

- **分包装配置法（图片 2-9）**

当一个商品种类中同时混有袋装、箱装、瓶装等包装方法时，则可按照包装方法分类进行陈列。点心类商品即为此方法的应用实例。

图片 2-8　按分量配置法

(以 SKU 形式展开的西瓜陈列)

图片 2-9　分包装配置法

(红茶相关)

● **关联式配置法（图片 2-10）**

针对主题不明确的商品，可通过饮食菜单、食用场景等设定主题，集中关联商品进行组合陈列。该配置下，商品相互衬托，各自魅力均可得到有效提升。

例如，以茶歇休闲为主题，将咖啡、炼乳、咖啡用砂糖、曲奇饼干等聚集起来陈列。此外，也可将生鲜部门、非食品部门的商品与卖场主题结合起来，以组合推荐的方式进行陈列。

对于周转率高的商品，可通过在促销货架、原货架等多处位置陈列商品，进一步提高商品的销售效果。

图片 2-10　关联式配置法（菌类盖饭相关）

- **纵式配置法（图表 2-7）**

这是一种在常规贡多拉货架的部分区域中，将一到两种商品，从上段依次摆至下段，呈纵向带状分配的配置方法。伴随着配置方法的变化，卖场的视认率也会有所提高。

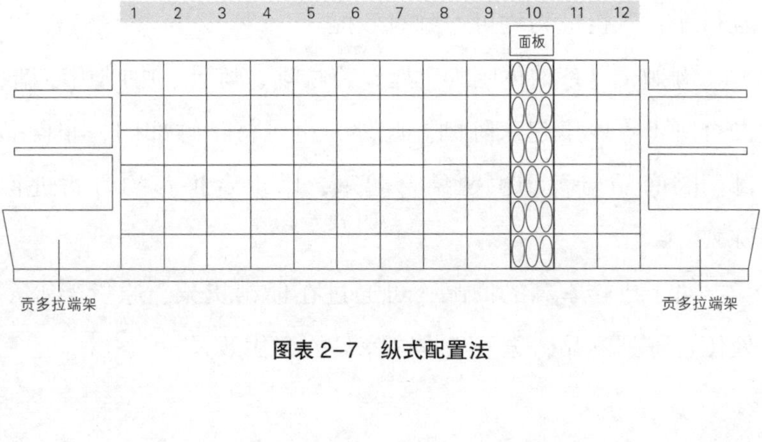

图表 2-7　纵式配置法

• **分色彩配置法（图片 2–11）**

此方法为一种按照色彩巧妙配置商品的方法，也可以称之为色彩管理，有极高的吸引顾客眼球的效果。

例如，可通过相同色系商品的聚集陈列和相反色系商品的组合陈列等方式，吸引顾客眼球，提高卖场的新鲜感和丰满感。

此外，可以根据季节或主题来变换可移动圆形货柜的颜色，考虑商品展示、促销工具的色彩组合，来提升商品的促销效果，进而提高卖场的顾客停留率。甚至还可以从天花板、地面、陈列柜、照明等方面着手，综合考虑、打造店铺的整体效果。

图片 2–11　分色彩配置法（各种蔬菜）

• **分节日活动配置法（图片 2–12）**

也称为季节性柜台配置法。长时间陈列会导致效率低下，因此可限定期间以进行展示。节日活动商品常配置于店铺出入口处有较大空间的地方。有时也可陈列于平面展台、端架等第 3 磁石货架上。

图片 2-12 分节日活动配置法（万圣节）

对步履匆忙的顾客也有吸引力的收银台前端架

一般而言，收银台前的通过人数会高于，或者至少等同于主通道，是卖场的黄金区域。包括步履匆忙、着急结账离开的顾客在内，如何有效地吸引他们的眼球、促使其消费意义重大（图片 2-13）。

适合陈列在收银台前端架的商品如下：

· 诱使顾客冲动消费的商品

· 高认知度的小型商品

· 使用频率高，适合囤货购买的商品

· 重点商品

图片 2-13　收银台前端架（健康相关）

· 验客[1]的推荐商品

此处应注意，将商品向外突出陈列时，不可妨碍顾客结账时的移动路线。此外，收银台前的通过人数会大大影响销售额，因此应详细调查各收银台的通过人数，并在此基础上讨论各收银台前端架的陈列商品及陈列方法。

① 验客：checker，指互联网上广大体验商家产品或者服务的用户。本文指超市商品的验客。

搭配陈列技术的商品排列技巧

按品牌、品种、包装、材料、菜单组合、价格等，将拥有共同点的产品聚集陈列时的商品组合称之为“排列”。

即使是同一商品以同一价格销售，排列方法不同，销售数量也会不同。

其原因是，对顾客来说，不同的商品排列方法，会影响到商品的易寻找性、易比较性、易选择性、易拿取性、购买的便捷性等。因此通过改变商品排列方法，可以提高销售数量。

商品排列有如下 3 个方法。

垂直排列——方便顾客检索商品

垂直排列，即将同一品类或相关的商品，从贡多拉货架的最上段依次摆至最下段货架的纵向陈列方法。

就通常而言，顾客的视线是横向流动的。将商品（群）垂直陈列时可有效避免身高、视线的影响，有利于顾客视线停留，发现目标商品。

因此，垂直排列可有效防止顾客漏买，促进冲动消费和囤货购买，可以说是自选型店铺最基本的排列方法。

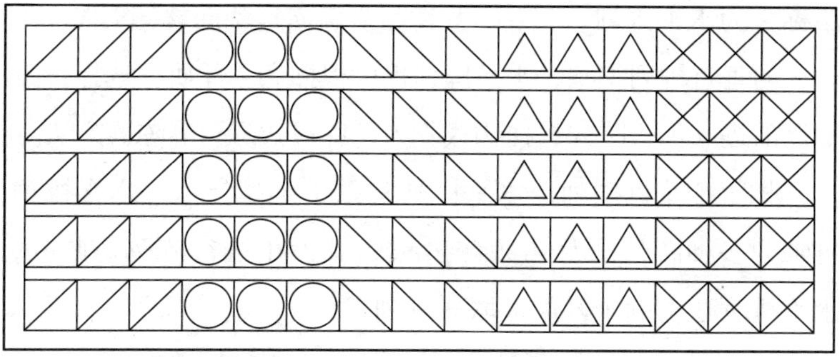

图表 2-8　将商品垂直陈列的垂直排列

此外，垂直排列方法也便于顾客视线自然流动，可有效避免顾客在卖场来回奔波，大大节约购物时间。

使用垂直排列方法时，可根据商品性质，选择搭配使用前进立体式陈列、挂钩式陈列、扩展式陈列等陈列方法。

尤其是在大型超市中，此排列方法可以充分保证商品的排面数，实现充满生机的商品排列，使卖场的吸引力大幅提高。

在小型超市中，垂直排列可以通过展示重点商品、改变货架状态发挥作用。

然而，在常规贡多拉货架上，若一味地运用垂直排列将会使卖场变得单调，因此需在垂直式排列中组合使用纵式陈列等方法，创造出排列的变化。

水平排列——展示多种商品

不同于商品垂直陈列的垂直排列，将商品水平陈列的方法称之为水平排列。

与垂直排列相同，水平排列也可根据商品性质，选择搭配使用前进立体式陈列、挂钩式陈列、扩展式陈列等陈列方法。

相比于垂直排列，水平排列常见于小型超市。水平排列可陈列多种商品，尤其适合按照商品大小进行陈列。此外，水平排列还有利于开展关联式陈列。

然而，正如上文所述，顾客的视线一般是横向流动的，水平排列的缺点是难以检索商品。因此，相对于顾客停留的次数，实际购买的比例会比较低。从销售效率上来讲，垂直排列更胜一筹。

水平排列还有一个缺点——会导致顾客在卖场内来回奔波，造成购物时间延长。

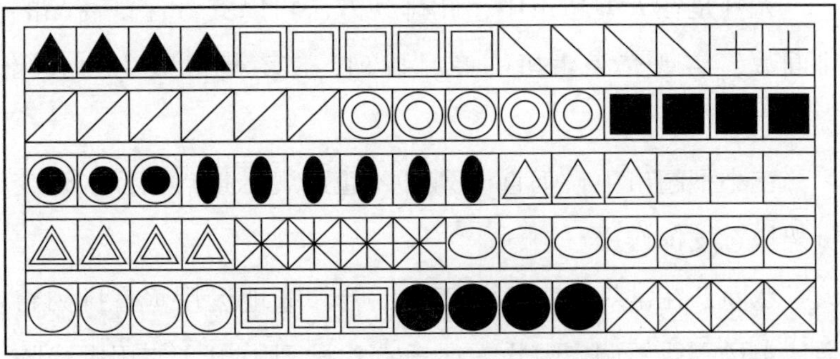

图表 2-9　将商品水平陈列的水平排列

“上段垂直”“下段水平”的组合排列

要打造高购买率卖场，其有效方法之一就是组合运用垂直排列和水平排列，即利用组合排列（图表 2-10）。具体来说，就是在贡多拉货架的上中段进行垂直排列，下段进行水平排列。

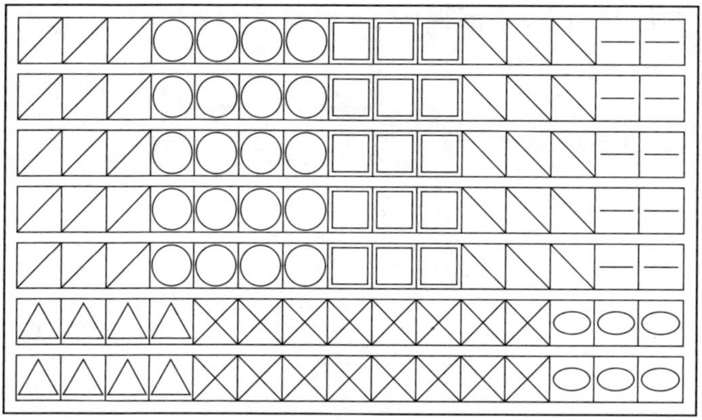

图表 2-10　将两种排列方法组合起来的组合排列

通过利用此组合排列，可在上、中段打造易见性和便捷性高的卖场，在高度大约为 10cm~80cm 的下段打折区域则可大量陈列包括大型商品在内的颇有丰满感的单品。

组合排列也可以应用在冷藏柜上（图表 2-11）。

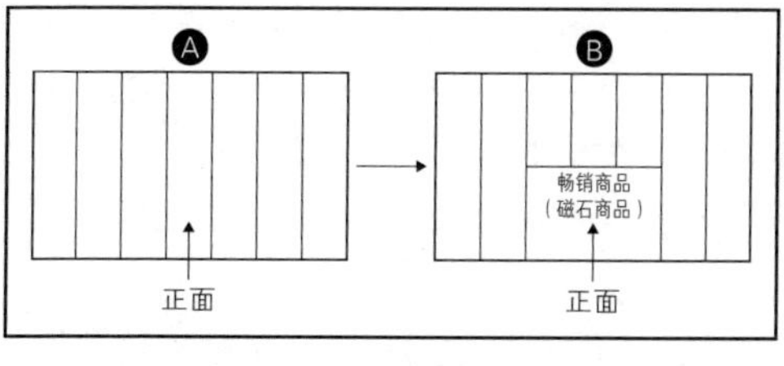

图表 2-11　冷藏柜的组合排列平面图

组合排列多应用在 4～12 尺的生鲜、日配食品的冷藏柜中。陈列商品较少时，可以使用Ⓐ的排列方法。陈列商品品种繁多时，可以参考Ⓑ的排列方法，在中间陈列畅销商品，赋予排面变化感以提高视认率＝停留率＝购买率。

可提高购买率的陈列高度与排面

❖商品特性与陈列高度

陈列高度不同，商品的销量也会大大不同。因为陈列位置有显眼和不显眼、易找到和不易找到之分。何种高度陈列何种商品，会大大影响销售效率。因此在决定陈列高度时，除购买的便捷性之外，还必须综合考虑商品的销售数量、销售额、毛利润等因素。

陈列高度与购买率的关系

一般来说，在地面以上 10cm~180cm 的有效陈列范围中，眼睛位置向下 20°左右的胸部位置为顾客容易看到的陈列高度。

另外，人类的水平方向视角为 110°~120°，因此站在贡多拉货架前顾客可看到的宽度为 150cm~200cm。走动购物时的视角约为 60°，因此走动购物时所看到的宽度大概为 90cm~100cm。

贡多拉货架上最易被看到的高度为地面以上 110cm~140cm，此区域被称之为黄金区。

此外，随着距离地面高度的变化，货架可以分为白银区（80cm~110cm）、查看区（140cm~160cm）、打折区/大量陈列区/儿童区（10cm~80cm）、清洁区（0cm~10cm）、存货区（160cm~180cm）、氛围区（180cm~220cm）。

所谓黄金区，即眼睛最容易看到、手最容易碰到的地方，因此该区域的商品视认率非常高，适合用来提高主力商品、重点商品、衍生商品、季节限定商品的吸引力。

白银区仅是次于黄金区的易见、易取高度。相比于其他年龄层的顾客，老年消费者身高略矮，此区域适合陈列吸引老年消费者的商品。

查看区是顾客在走动中眼光易停留的高度区，适合陈列衍生商品、新商品等。

在打折区/大量陈列区/儿童区，若贡多拉货架最下段的纵深在45cm以上，则会成为“畅销区”，该区域适合通过大量陈列提高打折商品的吸引力，也适合陈列儿童类商品，如带动漫角色的商品和小袋零食等。根据价格的折扣力度，也可以考虑开展第4磁石货架。然而，若贡多拉货架内的通道宽度在120cm以下，高度在80cm以下，将不利于顾客发现该区域（视野小于90°），此时则需在提高排面上多下功夫。

清洁区由于接近地面，很难保持清洁感。因此，即使是食品杂货类商品的陈列柜也不可直接将其置于地板上。

存货区适合陈列需求度较低的商品和非当季商品等。

氛围区的高度不利于商品陈列，因此可将其作为卖场展示、储货空间加以利用。

据厚生劳动省在 2014 年进行的“国民健康、营养调查”的结果显示，成年日本人的平均身高中，20 岁男性平均身高为 171. 8cm，70 岁以上男性平均身高为 161. 9cm；20 岁女性平均身高为 158. 3cm，70 岁以上的女性平均身高为 148. 3cm。无论男女，20 岁与 70 岁以上平均身高都相差大约 10cm。

容易看到的高度，与每个人的身高和走动时的视线方向有关。并且，即使是同一陈列高度，也会由于通道宽度和走动速度的不同，导致易看到的高度的不同。因此，在决定陈列高度时，各店铺应不断假设、反复验证。

不同陈列高度与销售效率的关系

正如上文所述，商品的陈列高度与商品特性、销售方法密切相关。而陈列高度与销售效率的关系也会由于货架的不同而不同。

图表 2-12 所展示的是，3 种商品在垂直型和突出型贡多拉货架的不同货架层中的销售占比。

从图中我们可以发现，色拉油在垂直型贡多拉货架中的黄金区和查看区的销售占比几乎相等，85cm~150cm 范围内的销售占比高达 88. 7%。

而在突出型贡多拉货架中，高度为 10cm~51cm 的最下段货架的销售占比最大，为 49. 7%，为该货架的黄金区。其原因是，向外突出的最下段货架中的商品暴露程度高，易被发

图表 2-12　日本茶、方便面、色拉油在不同货架层中的销售占比

现、受关注。不仅如此，基座纵深为 90cm 的贡多拉货架的最下段的销售占比更高。

此外，销售结果也与通道宽度、视认率密切相关。在 150cm~200cm 左右的宽敞通道上，前方视线更好，站在贡多拉货架前可看到的视野也更开阔。

因此，在不影响通道宽度的范围内，扩大最下段的纵深，即扩展式陈列，是实现大量销售的有效方法。根据货架种类，变换陈列方法，可以提高商品的视认率和购买率。

此外，还应根据商品特征和销售方式的不同，相应地改变陈列高度（图表 2-13）。

陈列位置、端架的使用 / 商品特性、定位		货架中位置			端架的使用
		上段	中段	下段	
①毛利额	高的商品		●	●	●
	普通、低的商品	●		●	
②销售数量	多的商品		●	●	●
	少的商品	●	●	●	
③购买频率	高的商品		●	●	●
	低的商品	●	●		●
④销售情况	畅销商品		●	●	●
	稳定商品	●	●		●
⑤易销售性、易携带性	有此特点的商品	●	●	●	●
	无此特点的商品		●	●	
⑥商品的容量、重量	大型、重		●	●	●
	小型、轻	●	●	●	●
⑦品牌、市场占有率	强势商品		●	●	●
	普通、弱势商品	●	●		●
⑧价格竞争、特卖频率	激烈的商品		●	●	●
	普通、较少的商品	●	●		
⑨广告、促销	积极型商品		●	●	●
	消极型商品	●	●		
⑩销售欲望	强的商品		●	●	●
	低的商品	●			

图表 2-13 根据商品特性确定陈列位置的方法

主推商品的黄金区占有率

旨在提高购物满意度的商品计划，其评价标准为是否有基于货架状态和促销计划具体展开活动，并成功提高销售率或回头率。因此，PB 商品和重点商品在货架中的陈列位置极其重要。尤其需要验证黄金区的重点商品占有率。例如，当黄金区整体排面数为 50，重点商品占 20 时，其黄金区域占有率则为 40%。

❖排面数与销售额

单个商品宽度为10cm，两个排面则为20cm，5个排面则为50cm。排面数=直线则为一维，加上纵深则构成二维，叠加高度之后则形成三维。销量的排名为一维>二维>三维。

排面数增加，视认率会提高，销售数量也会变多。然而，其影响效果并不能永远保持正比例关系。排面数超过一定水平，销售数量的增长率便会低于排面数的增长率（图表2-14）。

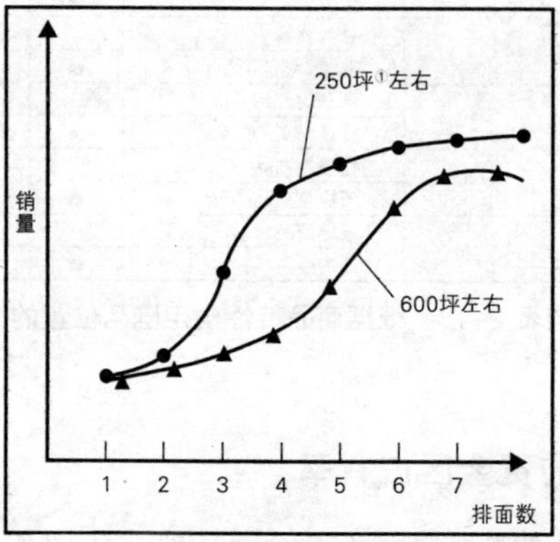

图表2-14　贡多拉货架上的排面数与销量的关系

换言之，为用最小排面数实现最大销售效果，找出合适的商品种类数和排面数至关重要。如扩大主推和易销商品的排面数，缩小非当季商品和周转慢的商品的排面数等，排面

① 坪：日本度量衡的面积单位。1坪=3.3057平方米。

管理应张弛有度。

此外，扩大排面数所带来的效果也因商品特性而不同。例如：

· 相对于低周转率的商品，高周转率商品伴随排面数的增加，取得的效果更大→扩大销售额与高效作业

· 相比于低价的商品，高价商品伴随排面数的增加，取得的效果更大→扩大销售额与提高利润

· 相比于冲动消费欲望低的商品，冲动消费欲望高的商品伴随着排面数的增加，取得的效果更大→增加购买个数与扩大销售额

· 相比于利润低的商品，利润高的商品伴随着排面数的增加，取得的效果更大→提高利润

· 相比于补货次数少的商品，订货、补货次数多的商品伴随着排面数的增加，取得的效果更大→缩减订货、取货、补货、摆货的作业时间

· 相比于非特卖商品，特卖商品伴随着排面数的增加，取得的效果更大→增加购买个数与扩大销售额

综上所述，应在理解每种商品的特点的基础上确定商品排面数。

中央和右侧的位置关系

图表 2–15 展示了 6 尺和 8 尺的多层展柜中，将陈列在端架处的销量较好的商品移到中央位置后的销量变化。

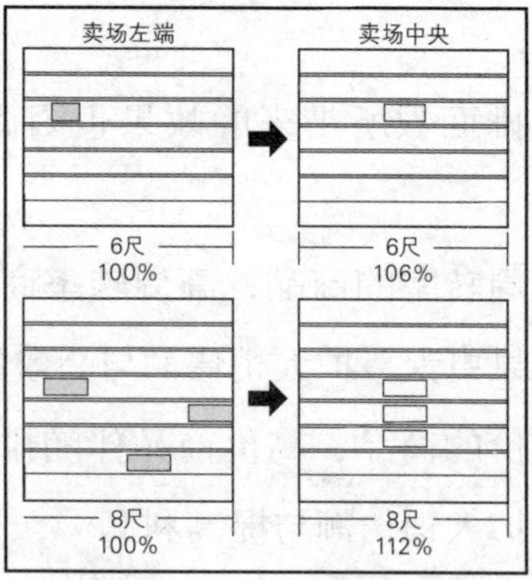

图表 2-15　不同商品配置引起的视认性与销量的变化

通过此图我们可以发现，同一商品群同一排面数，陈列位置从货架端部移到中央后，销售数量增加了 6%。

此外，同样地将购买数多的多个商品从分散陈列变换到中间位置集中陈列后，商品销售数量增长了约 12%。

此现象说明顾客在购物时，更喜欢站在贡多拉货架的中央位置选货。商品陈列在货架中央位置时，视认率会提高，因此商品被顾客选购的概率也会得到提高。

图表 2-16 展示了 8 尺展柜的左右位置的视认率。顾客移动方向为从右到左。

通过此图我们可以发现，假设左侧位置视认率为 100. 0%，中央则为 131. 0%，右侧为 121. 6%。中央位置为最佳可见区域，右侧次之，左侧最末。若顾客移动方向相反，则视认率的高低顺序会变成中央、左、右，顾客动线的前段位置的视认率次之。

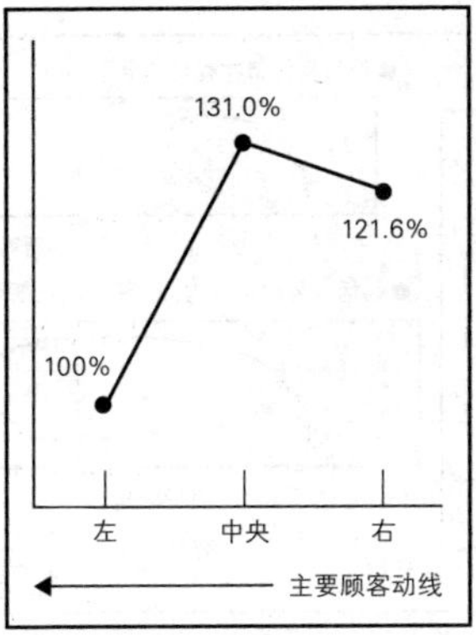

图表 2-16　陈列器具的左右位置的视认率

总而言之，认知度越高，销售量越多。越将所谓的强势商品陈列于货架中央位置，其销售量也越高，其次便为顾客动线的前段位置。

强势商品与弱势商品

商品的吸引力与销售量受相邻陈列的商品所左右。图表 2-17 介绍了强势商品与弱势商品相邻陈列时顾客的视线移动。

所谓强势商品即销售量大的商品、重点商品、传单特卖商品、利润高的商品、陈列量大的商品。弱势商品是销售量低、销售额占比低、周转率低的商品、关联商品及陈列量小的商品。

如图表 2-17 所示，单纯将强势商品与弱势商品上下、左右相邻陈列时，顾客的视线会被强势商品吸引，弱势商品则

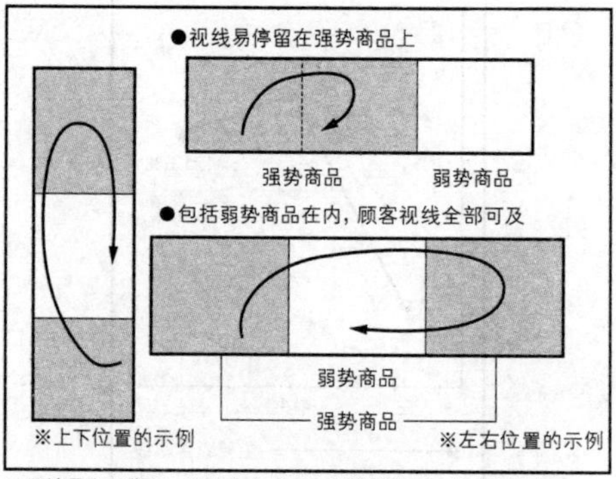

※无论是上下位置，还是左右位置，其道理相同。即若强势商品集中布置在一侧，则易导致顾客视线只停留在强势商品上。

图表 2-17　左右上下位置的视认性

很难得到关注。

然而，在强势商品中夹杂陈列弱势商品却能提升弱势商品的销售机会。因为顾客在浏览强势商品时，也会注意到弱势商品。因此，陈列时需明确区分强势商品与弱势商品。

❖卖场改造

从店铺整体视角出发考虑商品配置的行为即为店铺布置。店铺布置应将其所秉持的理念最大限度地传达给目标（顾客）。新店布置自不用说，店铺改造亦是如此。

由于商业环境的变化，有些店铺的销售额会降至以前的80%、70%，甚至更低。这些店铺遭遇着销售额减退、客户数量减少、单位顾客购买额降低、员工人数减少、单人单位工作时间下的销售额降低、损耗率增加、损耗额增加等众多难题，以致无法达成预期毛利润，持续出现营业赤字。此种局面急需改善，但若过分拘泥于经验之谈和标准模型，不仅很难达成预期毛利，甚至会在店铺改造后遭遇更严峻的销售额减退的困境。

具体来说，如下几个要点的验证十分重要。果蔬→鲜鱼→精肉的顺序是否最佳？客户数量不同，通过率和通过人数也大有不同的情况下，现有的通道宽度，陈列货架的长度、高度、深度、位置是否合适？各食品部门所用的冷藏柜、冷冻柜、贡多拉货架等的尺寸、位置是否妥当？

在此基础上，是否有新优势的叠加也会大大影响店铺布置。

此外，即便同为贡多拉货架卖场，陈列位置与空间也会影响到商品部门内部的销售额构成比例、毛利构成比例、销售量构成比例。因此，对于毛利构成比例低、销售量大的商品，若减少该商品销售空间，反而会增加补货等工作负担。如果在通过率低的贡多拉货架上陈列销售额比例高的商品，则很难确保店铺整体销售额。

通过对商品进行反复验证、重置，许多店铺成功实现了销售额的增长。

各店铺务必与总公司同舟共济，竭尽所能以最少前期投资实现最大改善效果。

❖使用模块验证货架

大型店铺与小型店铺规模不同，需结合各自规模相应地制定陈列标准。

图表 2-18 介绍了食品杂货商品的 3 尺单位模块下的销售额占比、毛利占比和销售量占比。通过在各店铺验证上述要素，可使地域特征、布置问题、作业效率等诸多问题浮出水面。

要实施验证，模块清单必不可少（图表 2-19）。模块，一般指修筑建筑物时的标准尺寸，亦指其尺寸的集合。常用于大型超市的卖场标准化管理。

例如，标准卖场中，按等级分类的商品品种模块（尺数）仅在贡多拉货架中便达 200 个以上，等级更有数百种之多。

各店铺通过模块调查，可明确备用品和尺数的差异，进而得出改善方法。因此，在卖场改造重新分配货架时也应该进行模块分析。

此外，将商品等级分类，与销售额、销售量的分类保持一致，可有效提升单位模块的销售效率。单位模块的销售额高，则补货频率高、补货所需时间长。此时，应通过适当的模块调整，将其补货频率修正至平均水平。模块调整，即增加或减少商品单位等级的空间，使其最终接近特定卖场水平。

除此之外，持续通过模块进行数值验证，可有效防止经验之谈或自以为是所导致的失误。

											以通道计
销售额构成比（%）	0.59		1.46		0.97		0.89			1.19	5.1
毛利构成比（%）	0.38		1.35		0.97		1.17			1.46	5.33
销售量构成比（%）	0.48		1.27		0.81		1.2			0.87	4.63
贡多拉货架	橙汁	橙汁	鱼露汁	鱼露汁	酱油	酱油	味增汁	味增汁	味增汁	味增	
	咖喱块	咖喱块	袋装咖喱	袋装咖喱	米饭	盖饭	中华料理	调味汁	调味汁	番茄酱	
销售额构成比（%）	1.66		0.8		1.12		0.82	0.81		0.37	5.58
毛利构成比（%）	1.08		0.81		1.27		0.87	0.62		0.33	4.98
销售量构成比（%）	1.8		0.95		0.9		0.97	0.68		0.48	5.78

副通道

											以通道计
销售额构成比（%）	0.34	0.67		0.89		0.84		0.47	0.57	0.16	3.94
毛利构成比（%）	0.65	1.05		1.42		1.5		0.67	0.71	0.33	6.33
销售量构成比（%）	0.46	0.62		0.88		1.03		0.62	0.68	0.34	4.63
贡多拉货架	芝麻、麸	鲣鱼	鲣鱼	裙带菜	裙带菜	干菜	干菜	杂粮粉	小麦粉	面包粉	
	紫菜盐	紫菜盐	海苔	海苔	罐头	罐头	瓶装佃煮	意大利面	意大利面	意面酱汁	
销售额构成比（%）	0.83		0.81		1.42		0.38	0.44		0.62	4.5
毛利构成比（%）	1.06		0.94		2.04		0.62	0.71		0.74	6.11
销售量构成比（%）	1.34		0.8		1.79		0.35	0.48		0.76	4.52

图表 2–18　单位贡多拉货架上的销售额、毛利、销售量的构成比例的验证

	等级	模块												
		1	2	3	4	6	9	12	15	18	21	24	27	3
调味料	酱油						○							
	料酒			○										
	食醋					○								
	鱼露汁					○								
	蘸料						○							
	砂糖					○								
	盐					○								
	辛香料						○							
	白汤		○											
	煲汤原料					○								
	菜单调味料						○							
	调味汁			○										
	番茄酱、番茄加工品				○									
	芥末		○											
	蛋黄酱					○								
	色拉调料						○							
	食用油							○						
	咖喱、炖料							○						
	汤					○								
	味噌						○							
	速食味噌汤					○								
	100日元货区							○						
农产干粮、干菜	粉类													
	蘑菇													
	高野豆腐													
	杂菜													
	豆类													
	芝麻													
	麸													
	豆皮													
	粉丝、米粉													
	腌菜用													
	米类													

图表 2–19 货架分割模块清单

畅销商品和新开发商品年年不同，备货、模块也需随之相应地变化。例如，切块的水果、切好的蔬菜、鲜鱼寿司、鱼类副菜、肉类副菜等生鲜部门的模块变化就十分显著。特定保健食品、低盐食品、橄榄油、紫菜盐、色拉调料、软糖等商品的模块，与 10 年、20 年前相比，也早已不可同日而语。

第 3 章

陈列技术的种类与方法

陈列体系的6个基本

在支撑自选服务的“前进立体式陈列”的基础上，各式各样的变化陈列应运而生。这些陈列方法基本已在所有大型超市普及。

然而，伴随着顾客的高龄化、生活方式的变化、人们生活水平的提升以及人口减少，包括网络销售在内的其他产业方式也开始进军本行业，单纯恪守整洁、易辨识、易拿取这些基本规则，已经无法满足顾客的需求。创造实体店铺独有的商品展示效果、增加回头客成为本行业必须解决的难题。

店铺除追求商品的齐全、新鲜度、味道、品质，以及健康性和便捷性之外，还应着力打造顾客进店瞬间的期待感、快乐且真实的感动、丰富多彩的饮食生活场景的推荐等。换言之，当今时代要求实体店铺提供一个易选易购且快乐的消费时间和空间，打造出精致的外观，找到企业、店铺的美好愿景与顾客利益之间的完美平衡等。为了持续提高顾客满意度，反复的假设与验证是不可或缺的。

然而，需要注意的是，做生意绝不是自我满足。“花了许多时间，费了许多心思完成了陈列”“执着到如此地步够厉害了吧”等店方自我陶醉式的感慨是毫无意义的。零售业的目的，归根结底是为了使顾客满意。钻研陈列技术、实际实施商品陈列都不过是提高顾客满意度的手段罢了。这一点需谨记。

例如，店员因过度沉迷于产品陈列和补货作业而忽略跟正在购物的顾客说声“您好”“欢迎光临”“感谢光临”，此种行为带来的损失是再华丽的商场装扮也无法弥补的。因为顾客很有可能会认为这是一家店员连招呼也不会打的店而拒绝再次光顾。

此外，单纯考虑卖场产品的“充足感”，不断增加促销工具和货种，反而会使卖场变得杂乱无章，降低卖场的易购性，导致手段与目的背道而驰。

要想向顾客清晰传达商品本质和店铺信息，有时做“减法”也很重要。尤其是在商品过剩陈列的现状下，为保障顾客购物动线，对过剩商品进行适当的取舍，还给顾客一个容易识别、方便选择的卖场日益受到重视。

如图表 3-1 所示，陈列目的和所需技术可整理为 6 大类。

①安全

超市是人流汇集、选购商品的场所，因此安全保障是绝对要求。

撤去超过保质期的商品、排除可能给顾客带来危险的风险陈列、适当使用陈列工具和备用品是保障安全的大前提。

- 1.安全
  - 排除危险陈列
    - 将重量型商品、大型商品陈列在无危险的位置。
    - 将高度控制在危险高度以下。
    - 对于装在玻璃容器内的易碎商品，务必使用挡板。
    - 突出式陈列尤其需要注意安心感、安全感。
    - 也要考虑地震等意外因素，勿将不安全的商品陈列在货架上段。
  - 撤去不安全商品
    - 无破损、漏液、生锈商品。
    - 无超保质期商品。
    - 无品质劣化商品。
  - 确认器具、备用品的安全
    - 手或衣物碰到后不会有危险。
    - 货柜、隔板无破损。
    - 使用易取易放型工具。
- 2.易看见、易购买
  - 易看见的陈列
    - 使用前进立体式陈列。
    - 使用易看到的陈列方法。
    - 采用符合商品特征的陈列。
    - POP 位置和大小合适，不影响商品易取性。
    - 基本上使用垂直排列。
  - 易选择的陈列
    - 周转快的商品陈列于多个位置。
    - 销售区和展示区划分清晰。
    - 重点销售商品、特卖商品的陈列要突出分量的冲击感。
    - 有效利用黄金区。
    - 被碰到后商品不会倒塌。
    - 陈列后商品文字（正面）清晰可见。
    - 注意商品的分类，再进行陈列。
- 3.易拿取、易放回
  - 在合适位置展销
    - 商品未摆放至手不可及的地方。
    - 陈列重量型商品、大型商品时，考虑到了取放的便捷性。
    - 陈列无错乱。
    - 使用适合商品的陈列器具。
    - 严格遵守有效陈列范围（10cm~180cm）。
    - 根据商品特性，决定陈列位置。
    - 进行商品配置时考虑了卖场效率。
    - 根据贡多拉货架形状，考虑销售特征，然后进行陈列。
- 4.好感
  - 有效利用音响、照明、色彩
    - 有效利用音乐。
    - 巧妙利用照明。
    - 照明安排考虑到了对品质感的影响。
    - 陈列时考虑到了色彩管理。
    - 搭配协调的色彩。
  - 新鲜感
    - 陈列时考虑到了新鲜感。
    - 导入裸式陈列。
    - 排面管理细致周到。
    - 商品无锈迹、凹陷、破损、膨胀。
    - POP 无退色和脏污、用字不当、破损。
    - 地面和器具无破损。
  - 信息传递
    - 提出了菜单推荐和购物建议。
    - 利用样品式陈列。
    - 利用 POP、展板、菜谱等。
    - 采用关联销售的排列。
    - 引入氛围营造型陈列和戏剧型陈列。
    - 演绎出季节感。
    - 引入当众演示销售、试吃销售的模式。
  - 清洁感
    - 无灰尘、脏污。
    - 勿将商品直接陈列于地面。

图表 3-1　陈列技术体系图

- 5.有说服力的语言、意志、信息
  - 有效陈列
    - 陈列方法符合销售目的和商品特性。
    - 采用了可大面积吸引顾客注意力的陈列方式。
    - 新商品、新引入商品的排面数多。
    - 畅销商品的排面数多。
    - 可引起顾客兴趣的内容。
    - 采用有主题的陈列。
    - 采用 face up 陈列。
    - 表达出了店铺理念。
    - 意识到销售即为灵感创造。
    - 顾客容易找到广告宣传商品、特卖商品。
    - 店内视野良好。
    - 展卡、POP 清晰可见、内容易懂。
  - 意外性陈列
    - 采用空间式陈列。
    - 采用易于商品比较的陈列。
    - 整齐划一的陈列中搭配不规则型陈列。
    - 陈列时考虑到关联商品的销售。
    - 努力通过陈列给顾客创造乐趣和惊喜。
    - 采用垂直排列。
    - 店内所到之处，皆是展示之所。
    - 注重话题性，不断致力于改善陈列。
  - 时期调整
    - 与当季菜单联系起来。
    - 明确提未来的畅销商品。
    - 用节日活动的关联。
    - 商品吸引顾客。
    - 尽早陈列话题商品和人气商品。
  - 时期变换
    - 引入季节性促销活动。
    - 结合季节、时节、时间的变化，进行陈列。
    - 结合工资日等顾客消费习惯，进行陈列。
    - 结合一周内每天的顾客消费习惯，进行陈列。
- 6.成本考虑
  - 经济高效的作业
    - 陈列出与周转数相符的商品数量。
    - 有计划有体系地实施。
    - 根据费效比和目的调整陈列手法。
    - 采用带脚轮的贡多拉货架等进行陈列。
    - 引入高效的陈列器具和陈列模型。
    - 将订货、收货、陈列、撤回作业系统化。
    - 按作业内容制作手册和模板。
    - 削减陈列的作业项目。
    - 集中时间进行陈列作业。
  - 排除流失
    - 清晰区分销售陈列和展示陈列。
    - 管理滞销商品的排面数。
    - 考虑商品周转率进行陈列，做好排面管理。
    - 明确给出最小陈列量和最大陈列量。
    - 采用不会导致机会流失的陈列量。
  - 提高收益性
    - 灵活利用靠墙陈列、挂钩式陈列以及死角。
    - 使用陈列模型，在不影响丰满感的前提下减少陈列量。
    - 做好利于提高收益性的陈列空间管理和排面管理。
    - 利用三角折扣排列。
    - 利用组合排列。
    - 采用收益高的商品与大量销售型商品的混合陈列。
    - 利用关联排列。
    - 有效利用有限空间。
    - 灵活利用 POP 数据等。
    - 活动后，将陈列效果数值化，进行验证。
    - 扩大畅销商品、衍生商品的排面。

图表 3-1（续） 陈列技术体系图

因此，进行商品陈列时，要确认液体商品是否存在漏液、金属材料的陈列柜和备用品是否有生锈，撤去超出公司和店铺规定保质期的商品，以及品质发生劣化的商品，充分注意卖场和商品的安全。

此外，应使用挡板、隔板等工具，保证即使商品被顾客的手或者衣服碰到，也不会掉落。同时瓶装商品、重量型商品、大型商品不宜陈列过高。

②易看见、易购买

据厚生劳动省 2014 年进行的“国民健康、营养调查”的结果显示，20 岁以上日本男性平均身高为 167.2cm，20 岁以上日本女性平均身高为 153.9cm。日本大型超市的一般陈列高度为地面以上 10cm～180cm 之间，其中最容易看见、最方便拿取的 110cm～140cm 的高度范围称之为“黄金区”。

80cm～110cm 的“白银区”，是仅次于黄金区的第二个易识别、易拿取的高度区域。140cm～160cm 为“查看区”，是走动时视线容易停留的区域（请参考第 210 页）。

需注意的是，不同性别、身高的顾客所喜欢的区域也不尽相同。

比如，大型超市和药妆店的主要顾客为女性群体，对她们而言，140cm 为查看区，而材料工具综合商店和打折商店的主要顾客为男性群体，他们的查看区为 160cm。

此外，人的水平方向的平均视角为 110°～120°，因此站在贡多拉货架前可看到的横向宽度为150cm~200cm。在店内走动购物时，视角大约为60°，眼睛可以看到的范围约为90cm~100cm。

③易拿取、易放回

卖场内的商品若取之不便、放之不易，仅此一点，便会造成大量销售机会的流失。

例如，货架为平面展台时，腰部左右的陈列高度，最方便拿取商品，而对于无盖货柜和贡多拉货架而言，在肩部以上和膝盖以下的位置则不易拿取商品。

陈列量大的货架和促销货架等主要诱导顾客冲动消费的区域中，若商品难取放，将会成为顾客犹豫不决的原因，因此需特别注意商品的陈列高度。

④好感

●清洁感

销售食品的店铺，如果清洁感欠佳，将会成为卖场的致命伤。确保卖场的清洁感，主要有如下方面：

·不要将商品直接摆在地上。

·补货、摆货时不能将商品暂放在地上。

·在包装易破的味噌和干货卖场，需注意贡多拉货架易变脏、易生锈。

·生鲜食品、日配食品和副菜类商品多含有水分、盐分和油，应有计划地进行清扫。

· 应注意出入口（包括后台）、地面、朝向顾客的柜台的清洁。

● 新鲜度

新鲜度会随着商品、加工、装盘、保质期、生产年月而变化。此外，商品上的灰尘、锈迹、凹陷等状况、排面等卖场状态都会左右新鲜度。

● 氛围营造

在商品陈列和展示中，营造快乐的氛围也十分重要。

营造店内氛围可分三点："渲染"＝店铺整体，"环绕"＝货种全体，"点缀"＝单个商品。

例如，可在第 1 磁石冷藏柜上，等间距陈列应季花草，渲染店铺整体氛围。在圣诞季，可使用金银色彩条包围切块的水果、奶酪、红酒等圣诞商品区，演绎节日氛围。此外，还可用彩带点缀印在托盘上的绿景或礼物，演绎单个商品的氛围。

在季节变换时，用此种方法演绎即将到来的季节的气氛，会有不错的效果。利用节日活动等，定期切换卖场的氛围，努力消除商品和卖场的枯燥、乏味感。

⑤有说服力的语言、意志、信息

陈列商品时，需明确宣传主题与目的。与此同时，提高主推商品的排面数也很关键。此外，还应考虑到趋势、季节、节日、天气、时间等因素。

例如，在以节气为主题的卖场中，可陈列上寿司醋、烤紫菜等关联商品，在贡多拉货架上段挂上鬼面具、丑女阿多福面具，用 POP 等解释惠方卷的由来等。

⑥成本考虑

食品杂货等商品部门中，若将后台的移送作业等囊括在内，陈列工作则占了店内工作的 7 成，人工费负担繁重。因此，应该有意识地集中作业、削减作业种类。找到与销量匹配的陈列量和排面数，可削减补货次数，有利于降低成本。

此外，设定合适的库存数量并将库存量充分可视化，可以削减检索时间，减轻分拣作业，是减少人工浪费的基本办法。

事实上，包括后台改造、配货中心与配送等相关内容在内，提升陈列效率的课题还有很多。

基本陈列的技术与应用

❖前进立体式陈列（典型陈列）

前进立体式陈列是一种可提高商品暴露度、促进顾客购买的基本陈列技术（图表 3–2）。

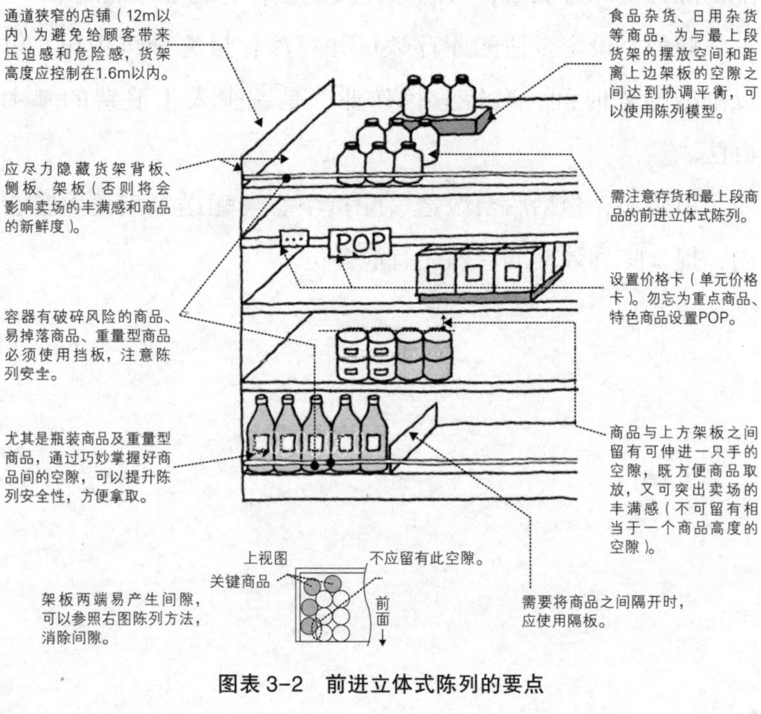

图表 3–2　前进立体式陈列的要点

商品也有“脸”（face），即排面。排面可以让顾客瞬间识别商品。商品陈列的原则就是让商品正面对准顾客。前进立体式陈列是实现此陈列原则的最简单的陈列方法。

前进立体式陈列也可以称之为“face up 式”或者“前推式”，将商品前推到货架板边缘，立体堆积。整齐的 face up 式陈列，既方便顾客购买，也是提高陈列作业效率的重要条件。

前进立体式陈列适用于所有商品，但由于罐装、箱装、袋装商品的形状和大小，陈列工具的种类、货架、商品卖点不同，具体实施方法也会有差异。因此，需要简单学习一下根据不同条件变换前进立体式陈列的方法。

为此，准确理解前进立体式陈列的效果和要领、前推作业及补货要点十分关键。

● 效果

· 传递出卖场的清洁感和商品的安全感。

· 商品正脸朝向顾客，易于顾客比较。商品易辨识、易选择。

· 可营造卖场的丰满感。

· 打造整齐划一的卖场印象，可提高变化陈列的效果。

· 方便工作人员补货、订货。

● 要领

图表 3-3 是罐装商品的前进立体式陈列示意图。要点如下：

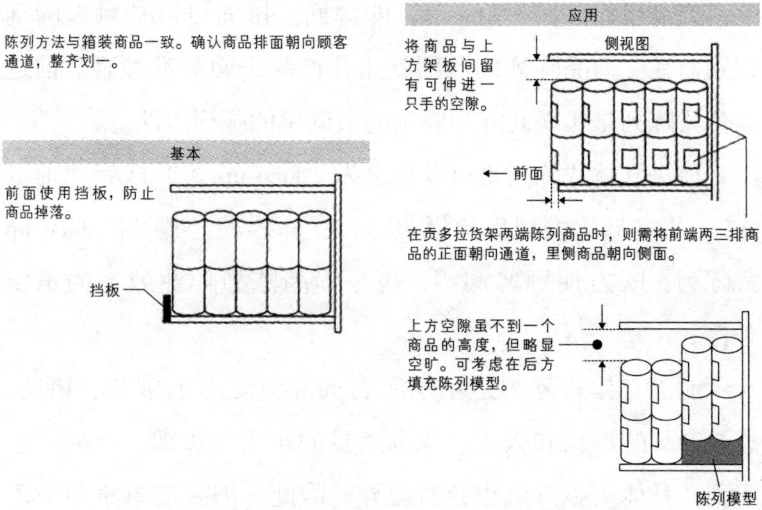

图表 3-3　罐头型商品的前进立体式陈列

· 依据架板边缘或挡板统一商品排面。无挡板时，可于超出架板边缘几毫米处进行陈列以提高商品的暴露程度。

· 商品正面朝向通道。贡多拉货架两端陈列商品时，则需将前端两三排正面朝向通道，里侧商品朝向侧面。

· 陈列时不可暴露商品上方的架板、里侧背板。

· 所陈列商品与上方的架板间应留可伸进一只手的空隙。若陈列商品据上方架板空隙较大，可在空隙处陈列模型加以填充。

· 与相邻商品留有 1mm ~ 2mm 的间隙，尤其是瓶装商品等易碎商品。

· 陈列时需注意商品的日期、包装是否破损、价格卡及

POP 的位置、商品的移动状态。

·注意商品品质，边作业边积累商品相关知识。

此外，关于箱装和袋装商品的前进立体式陈列要点，请参照图表 3-4、3-5。

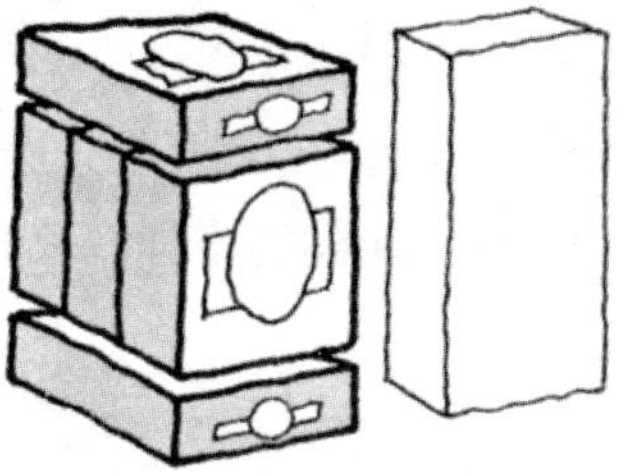

在箱装商品的前进立体式陈列方法中，商品上平面与上段架板的间隙会影响陈列的丰满感。为保证丰满感，不仅要在商品排面上下功夫，还要灵活利用上平面和底面进行陈列。如图所示，按照底面→正面→底面的顺序向上陈列。

图表 3-4　箱装商品的前进立体式陈列

①陈列袋装商品时，应注意不要损坏袋中商品，将商品抚平，然后陈列。抚平后，既可保证视觉上的美观，又可以增加陈列数量。

②前进立体式陈列箱装商品或袋装点心时，可在最下边即底部平放一件商品，再在其上将抚平的袋装商品从内向外摆放起来。如此一来，即使上边的商品销售出去，顾客也不会看到架板。

图表 3-5　袋装商品的前进立体式陈列

●前推作业

进行前推作业时，需制订明确的计划。该计划要确保在开店前或客流高峰期前，利用某段固定时间将所有卖场的货架后方商品补充到前方。实施作业时需注意如下要点：

· 检查商品陈列数量、销量情况、排面数

· 检查商品包装是否完好、生鲜食品的新鲜度和装盘情况、保质期

· 检查 POP、展示卡、价格卡的粘贴位置和内容

· 注意商品的暴露程度

· 注意与周边商品和品类的关联性

作业时间紧张时，可在充分考虑商品暴露度、周转率的基础上，按照以下先后顺序进行作业：

a）传单宣传商品的陈列区

b）正对入口的陈列区

c）面向人群易聚集处的端架、平面展台、无盖货柜的最下段

d）中央通道的端架

e）常规卖场

图表 3-6 介绍了前推作业的工序。要点如下：

· 从贡多拉上层货架左侧开始依次向下。

· 紧急情况下，只调整销量高、商品倒塌错乱的货架。

· 时间紧张时，优先调整排面数多、畅销的商品。

● 补货

图表 3-7 介绍了补货作业后不同保质期的商品的陈列位置。

补货遵循“先入先出”原则，补货完成后，需注意不可出现 3 种以上不同生产日期的商品。

⇨⇨⇨⇨①	⇨⇨⇨⇨②	⇨⇨⇨⇨③	④
↓			
↓			
↓			
↓			

通常情况 ……从上层货架左侧开始一件一件调整。

紧急情况 ……紧急情况下，只调整销量高的商品。

十分紧急 ……只调整排面数多、畅销的商品。

图表 3-6 常规贡多拉货架的修复与调整顺序

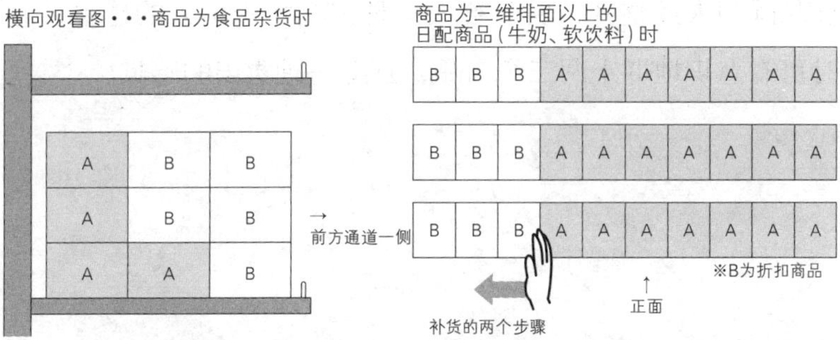

※ A=生产日期近的商品　B=生产日期久的商品

以前牛奶等商品的补货作业有3个步骤，将生产日期较久的商品取出来，然后将新商品补在货架里侧，最后将取下的生产日期久的商品摆到前面。最近，补货作业采用了两个步骤的方法，给生产日期久的商品贴上打折标签，然后按规则将打折商品归类放到货架左侧或右侧，将商品补在货架空余位置。因此作业效率得到了提升。

图表 3-7 补货作业后不同保质期的商品的陈列位置

通常情况下，顾客会拿走距离自己最近的商品，因此应将新生产的商品放于里侧，生产日期较久的商品置于前侧。此外，在生鲜及日配食品的货架中，有打折商品一起销售时，应将打折商品放在左右任意一侧垂直排列，这样可防止顾客错过此类商品的购买机会。此外，通过设定合适的补货位置、根据商品周转速度设定合适的排面数可有效缩减补货作业的工作量。

日期管理有如下要点：

·一维排面，检查最前侧、最里侧的商品日期，二维排面则检查右边最前侧和左边最里侧的商品日期。

·基本原则是先入先出，若商品呈上下堆积陈列，上层商品易先卖出，因此尽量将生产日期久的商品放于上层。

包括常规卖场、贡多拉货架和平面展台在内的一些柜台，商品陈列太过整齐，反而给人一种完全卖不出去的感觉，此时可有意识地取走两三个商品，营造一种卖出的感觉。

变化陈列的技术与应用

❖端架陈列的基本——“对称陈列”（图片 3-1）

对称陈列，即左右对称式的陈列方法，常用于贡多拉端架。商品整齐划一、平衡对称，可以说是贡多拉端架陈列的基本方法。

❖割箱陈列（图片 3-2）

割箱陈列，对于物美价廉感的营造十分有效。

将原包装箱打开，直接陈列商品。这种陈列方法需尽量提高商品正面的暴露程度。

近年来，为了减少店铺方的作业时间、提高开封后的纸箱外观，胶带开封式纸箱多了起来。

●适合陈列的商品

· 民族品牌（NB）商品等，顾客认知度高的商品。

· 有打折优惠可大量销售的商品。

· 季节限定商品。

· 周转率高的商品。

图片 3-1　对称陈列

图片 3-2　割箱陈列（点心）

·难堆高、不适合裸式陈列的商品（圆形商品、薄袋商品等）。

● 陈列效果

·因省去了将商品从纸箱取出的环节，陈列速度加快。但由于数量颇多，单是割胶带作业也会给手、手指造成较大负担。

·大量陈列，易营造出商品的实惠感。

·可诱导冲动消费，促使顾客光顾卖场。

·可轻易营造出商品的丰满感。

·轻松补货、撤货。

● 注意点（图表 3-8）

·在平面展台或贡多拉端架的最下段陈列商品或进行关

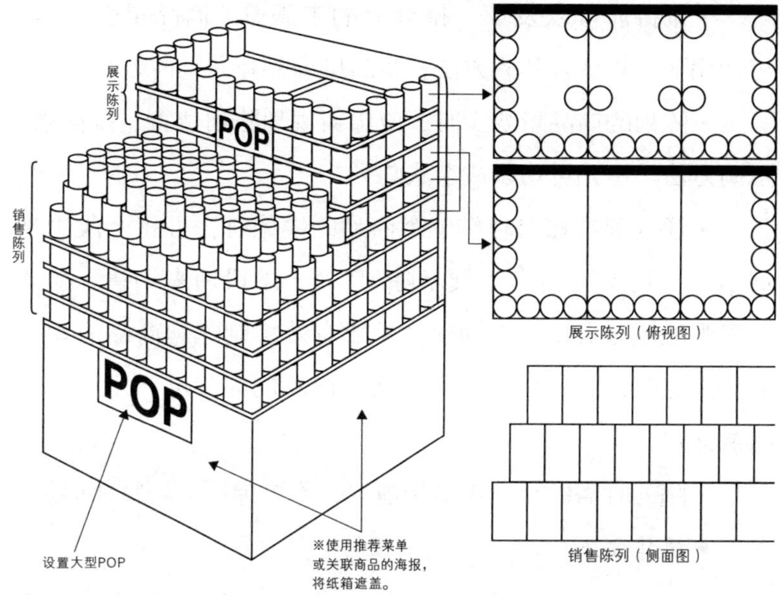

图表 3-8　贡多拉端架上的割箱陈列

联商品销售时，可使用带脚轮的陈列工具，并在后台事先完成陈列。此方法，可实现快速陈列，避免妨碍营业活动。

· 割箱陈列中，箱子的长度或者宽度为商品排面的最小单位。大量销售的商品务必要充分保障商品的排面数。

· 陈列时，摆错箱子方向、未将商品正面朝向通道等失误时有发生。应注意纸箱上印刷的商品名称和插图，统一纸箱朝向。

· 打造商品的丰满感可提高陈列效果，因此应尽量将陈列线保持在固定高度，及时调整。售空的箱子可作为商品后方下层或中层位置处的模型使用。

·维持前排以及第二排商品的丰满感。商品量变少时，可使用前进立体式陈列方法，将后排商品补充到前方。

·陈列的商品量变少时，应重新规划陈列位置、排面数、陈列方法。例如可切换成杂式陈列。

·通过割箱陈列制作单个商品的端架时，可将上段用来展示（只用 1 列当作“展示陈列”），下段用来销售。如此一来既能确保卖场的丰满感，又能有效控制陈列商品的库存数量。此时，需时刻留意上段展示商品的完整度，避免出现摆放豁口。

·陈列时需综合考虑卖场情况，不可损坏卖场整体形象。

●操作方法

撕胶带时，可用腰顶住纸箱一角，手用力按住对角。注意将胶带向斜上方拉开。水平撕开时，易破坏开口处的美观度，需注意（图表 3-9）。

图表 3-9　撕胶带作业的要点

- **应用**

割箱陈列，可有效营造出卖场的丰满感和商品的实惠感。因此，利用割箱陈列衍生出的各式陈列方式，可改善卖场形象、进一步提高陈列效果（图表 3–10）。

割箱陈列+垂直陈列	割箱陈列的基本型，将割箱商品垂直向上陈列。
割箱陈列+突出式陈列	相比贡多拉货架或冷藏柜的正常陈列线，将割箱商品向通道一侧突出陈列。
割箱陈列+交叉式陈列	将成箱商品或者割箱商品交叉向上陈列。
割箱陈列+倾斜式陈列	相对于陈列台或陈列线，将割箱商品倾斜陈列。
割箱陈列+圆管式陈列	将割箱商品基本以圆柱形向上交互陈列。
割箱陈列+阶梯式陈列	将割箱商品以阶梯状向上陈列。
割箱陈列+半圆式陈列	将割箱商品以半圆形陈列。
割箱陈列+推式陈列	将箱装商品或割箱商品陈列在带滑轮的推车内。
割箱陈列+翼式陈列	在贡多拉端架或平面展台的双侧或一侧，将割箱商品呈羽翼状突出陈列。
割箱陈列+三角状陈列	将割箱商品一层一层交错摆放，从正面看去，商品呈三角状向上陈列。

图表 3–10　割箱陈列的应用

❖割箱陈列的进化版

纸箱的传统功能是搬送货物。最近，在部分地方，纸箱的功能出现了飞跃性的进化。卖场中，割箱作业不见了踪迹，摆货、陈列作业，分拣作业的负担大大减轻，时间也被大幅度削减。

不需要切削刀具，毫不费力便可开箱的作业方式，颇受女性员工青睐。这种创新方法，符合当今货物快速流通的需求，且成本低，应该会在未来迅速普及开来。

现列举要点如下：

①简洁的一体式结构，仅需要拉开外纸箱开口部分，商品就可以分层展现出来。适用于关联销售、收银台前端架、平面展台等营销需求，同时对季节性活动等也十分有效。

②将开封部位向上方拉，沿着拉索线打开，再将盖子剪掉，即可 360°看到商品正面。适合割箱直接式陈列，也适用于变化陈列（图表 3-11）。

③将纸箱的 4 个角向内折叠，可提高大量陈列时商品的稳定感。此法可用于开封后直接式陈列（图表 3-12）。

图表 3-11

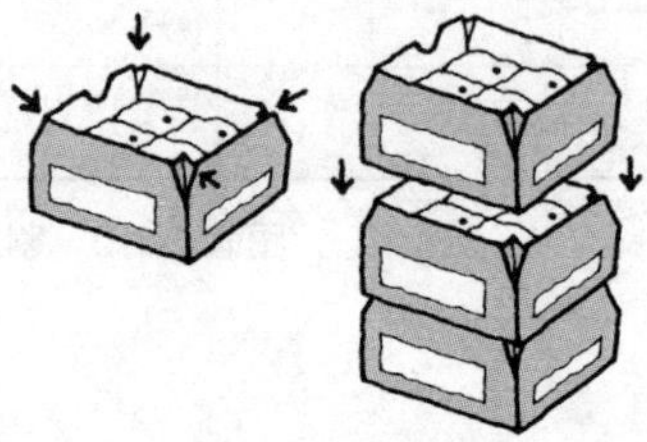

图表 3-12

④不需切削工具便可轻松拆下纸箱盖，作业简单。

⑤3 秒组装完毕的一键式陈列工具。量轻、易搬运。易收回、可折叠、可收纳（图表 3-13）。

⑥冷藏库、冷冻库专用纸箱也已开发出来。此法用于牛奶陈列、平面冷藏柜里的大量陈列时，可加快作业速度、提

升作业效率。

❖杂式陈列（扔投式陈列）（图片 3-3）

图表 3-13

所谓杂式陈列，指的是营造商品被随意丢到杂货柜、铁丝篮、藤筐、平面展台、推车等陈列器具的氛围的方法。

●适合陈列的商品

· 量少、想吸引顾客眼球的高毛利商品、衍生商品、新商品等。

· 量少的特卖商品、剩余特卖商品、未售光的商品。

· 顾客已了解其价格或价值的商品、易于理解其价格价值的商品。

· 易引起冲动消费、囤货购买的商品，大多数顾客青睐的、便捷的、易顺手购买的商品。

· 低价商品、低毛利商品。

· 扔投时，不会轻易变形破损的商品。

●效果

· 易移动陈列位置、方便撤去商品。

· 陈列工作所需时间短，省力。

· 更易向顾客传达商品的实惠感。少量陈列时，吸引顾客的效果也不错。

图片 3-3　杂式陈列（调味料）

· 多种商品陈列于同一器具时，可有效营造出卖场的统一感，有望形成销售区。

· 可点缀卖场、柜台。

● **注意点**

· 为在营业时间内迅速进行关联式陈列或切换商品，应提前在后台做好陈列工作。

· 虽然是扔投式陈列，也应该考虑顾客动线，将商品正面朝向顾客。

·原则上，一筐一物。陈列多种商品时，需保持价格一致。

·为促使顾客冲动购买、顺手购买，务必张贴 POP。

·确保卖场的丰满感和商品数量。量不足时，使用隔板、假砖等陈列模型将商品垫高、营造出卖场的丰满感。

·将里侧商品垫高后，商品正面易暴露，视认率也会提高。在货筐等陈列器具内垫上假砖，倾斜摆放商品时，需注意调整商品角度，以便于顾客查看（图表 3–14）。

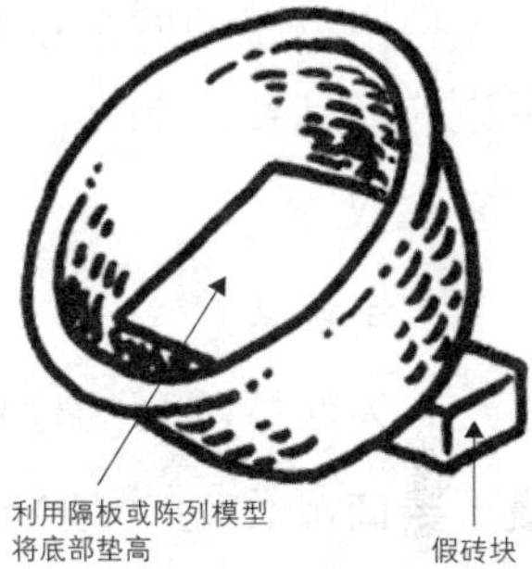

图表 3–14　倾斜的杂式陈列

❖圆管式陈列（堆高式陈列）（图片 3–4）

圆管式陈列指的是，将商品交错摆放，呈圆管状向上堆积的陈列方法。

●适合陈列的商品

·稳定的大中型商品。例如、水果罐头、罐装饼干等。

·可堆高的桶装、袋装、箱装等商品。

●陈列效果

·即使陈列量少，也可营造出丰满感。

·保持陈列的稳定，可向上堆高陈列。

·大量陈列可营造物美价廉感，也能突出商品的品质。

·位于大型平面展台中间位置的商品不易拿取，因此可将中间位置用于商品展示，靠近顾客手边的商品要控制好高度，方便顾客拿取。

● **注意点**

·为保持陈列的稳定，可将最下层商品作为“地基”，错开陈列。

图片 3-4　圆管式陈列

（健康相关、箱装商品）

·将商品正面朝向顾客动线，方便顾客看到商品。

·上层商品需压稳下层商品，堆积商品时需时时确认稳定性。

·仅靠简单调整便能营造出卖场的丰满感时，不需额外进行替换作业。

·陈列时，除正面外，还需注意侧面是否对齐。

·为提高远距离视认性，可张贴大型展板等 POP。

·通常来说距离顾客最近的商品最先卖出，应时刻关注销售状态，及时将后排商品补至前排并调整排面。

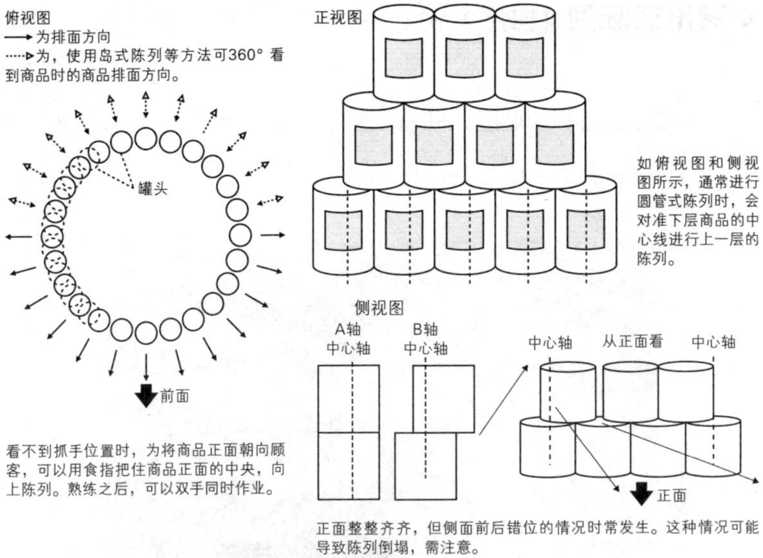

图表 3-15　圆管式陈列的要点

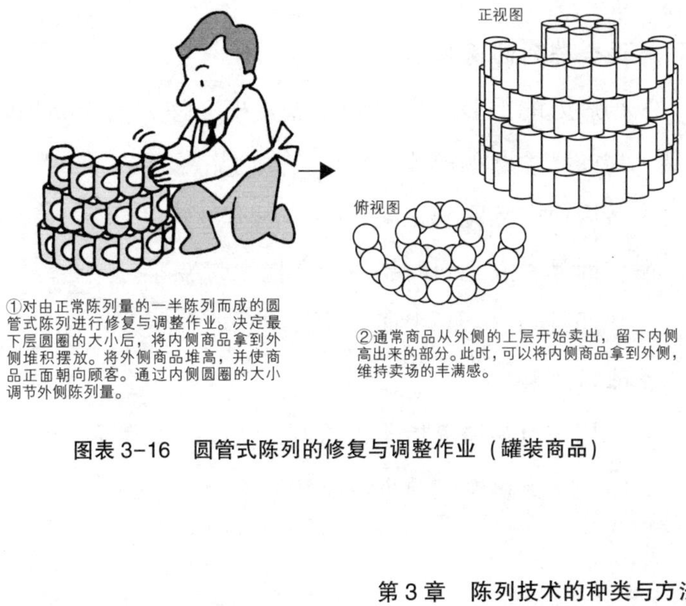

图表 3-16　圆管式陈列的修复与调整作业（罐装商品）

❖突出式陈列（图片 3-5）

突出式陈列，即超出贡多拉货架和无盖货柜的商品陈列线，将商品向前方通道突出陈列的方法。

图片 3-5　突出式陈列（柠檬）

●适合陈列的商品

·与后方的贡多拉货架和无盖货柜上陈列的商品相同的商品。与商品主题和推荐菜单相关的商品。

·跟周边商品比起来更想吸引顾客注意的商品，如新商品、衍生商品、高毛利商品、剩余特卖商品等。

·想通过凸显商品来提高购买率和毛利润率的商品。

●陈列效果

·陈列在贡多拉等货架的前方，可以提高商品的视认率。

·有利于大量销售单个商品和销售相关商品。

·可以营造出商品实惠、品类繁多、热闹丰富的氛围。

● **注意点**

·因无法进行温度管理，应避免陈列需冷藏的食品。

·控制陈列高度，不可挡住后边货架中的商品。

·通道变窄会给顾客通行带来不便，应谨慎选取合适的陈列场所。

·调整商品排面以保证正面、侧面来的顾客都能看到商品正面。

·为保证正面和侧面顾客的视认性，可分别在前方和侧面设置大型 POP。

·商品低于最低陈列量时，需终止突出式陈列，将商品撤回至原来货架。

·快速完成补货、摆货，不可妨碍顾客购物动线。

·频繁使用突出式陈列，会导致顾客视线习惯性朝向脚下方向，有时反而会造成顾客购买量的减少。通常来说，若后方卖场有 8 尺大小时，可考虑相对着设置一处 2 尺左右的卖场，即进行一次突出式陈列。

❖翼式陈列（图片 3-6）

翼式陈列指的是，将割箱商品或常规卖场的商品等放在贡多拉端架、平面展台等货架两侧，以鸟翼形状陈列的陈列方法。

●适合陈列的商品

·与贡多拉端架和平面展台上的商品主题有关的商品。

·新商品、衍生商品。

·十分想凸显、吸引顾客眼球的商品。

·饮料、点心、速食品等顾客易顺手购买、囤货购买的商品。

·剩余特价商品。

●陈列效果

翼式陈列中，与贡多拉端架、平面展台等主题相关联的商品成为陈列中心，故有如下效果：

图片 3-6 翼式陈列

·提高卖场的顾客停留率。

·创造新的顾客动线，提高卖场的回游性，增加顾客购买量。

·方便顾客顺手购买，提高衍生商品的视认率。

·与贡多拉端架等相连，可突出卖场的主题性，同时提高商品间的互动性。

·可作为商场试吃活动的场地利用起来。

·也适用于以箱为单位的销售。

●注意点

·与贡多拉端架等磁石卖场相邻陈列，需注意不要妨碍顾客动线。

·商品与顾客接触的频率增加，需充分保证副通道的宽度，注意商品陈列的稳定性和卖场的安全。

·不要影响卖场的视线，最高陈列高度为1.2m。

·考虑客户动线，充分提高侧面和背面的排面。

·快速完成补货、摆货，不要妨碍顾客购物动线。

·通道宽度足够时，大幅向外突出的翼式陈列会带来更大的效果。但若妨碍了顾客购物动线，其负面效果也会增加，反而得不偿失。

·朝向顾客购物动线并在合适的位置摆放POP。

·使用带脚轮的陈列器具，实现快速销售、低成本运营。

❖阶梯式陈列（图片3-7）

阶梯式陈列，即将商品按台阶状向上堆积陈列的方法。

●适合陈列的商品

·箱装、罐装等耐挤压、难变形商品。

·割箱商品。

●陈列效果

·营造卖场的丰满感和冲击力。

图片 3-7　阶梯式陈列

· 可传递出实惠感、高级感等与宣传主题吻合的形象。

· 适用于包括贡多拉常规卖场在内的所有卖场。

● **注意点**

· 确定地基部分的陈列范围后，由内而外以台阶状依次陈列。为确保陈列效果得以有效发挥，至少需要三层台阶。

· 原则上商品正面朝向通道，但陈列不稳时，可先保证前列商品朝向通道，中层等部位的商品可放倒后陈列（图表 3-18）。

· 基本陈列同种商品。每层阶梯均需设定合适的陈列高度、宽度，以确保顾客可以轻松拿到商品。

· 各层所陈列的商品和主题不同时，应在考虑商品周转率和销售量的基础上，决定各层的陈列商品。一般在下层陈列大量销售商品，中层陈列主题性商品，上层陈列关联商品、美观的商品（图表 3-18）。

图A

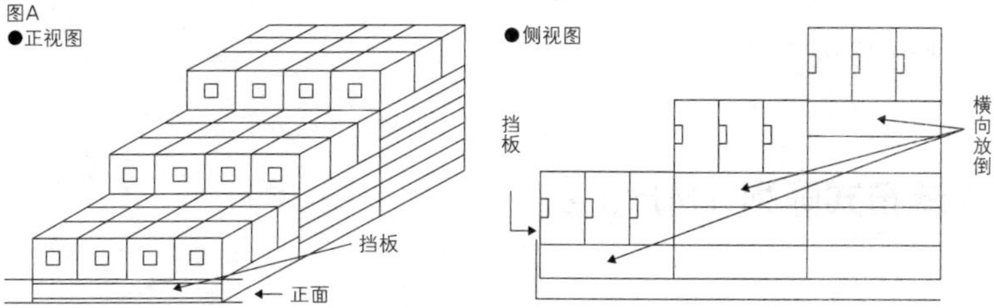

①原则上应该将商品立起来摆放，但立起来摆放不稳时，可将商品放倒。但是，如果都放倒会导致站在通道上的顾客看不到商品正面，因此必须保证顾客可以看到上层商品的正面。（图A）

②注意整体陈列高度和宽度，保证顾客可以取到商品。丰满感固然重要，但必须确保顾客的手可以取到上层的商品。原则上，阶梯式陈列应摆放两至三层。

③并非一个卖场只能陈列一种商品，可以同时陈列相同品种或相同主题的关联商品。但是，各层台阶的销售比例不同，需注意商品配置。（图B）

图B

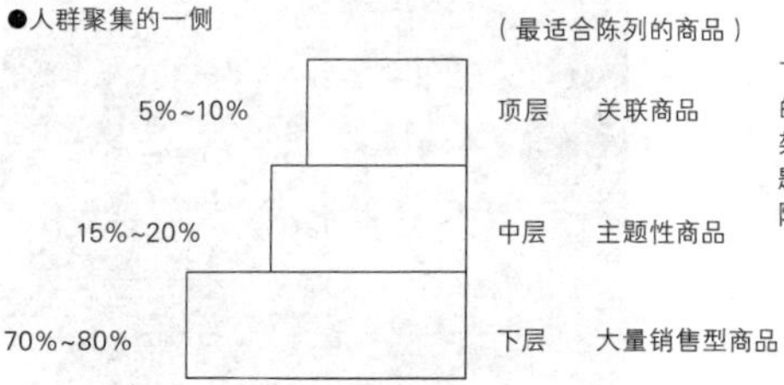

下层的大量销售型商品不应为“想大量销售的商品”，而应为“能大量销售的商品”。端架处的销售额涨幅缓慢、商品周转缓慢等问题，抛开商品构成不算，很多时候都是由于陈列场所、陈列时间不当所引起的。

图表 3-18　阶梯式陈列的注意点

· 商品种类不同时，每种商品都需张贴 POP。大量销售一种商品或销售具有统一主题的商品时可在卖场后边的上方设置大型展板。

· 最下层可通过使用可移动圆形货柜来突出卖场的存在感和主题性。

· 维持卖场的丰满感十分重要。当商品陈列量减少时，可减少纵向深度以维持丰满感，或者在最下层使用陈列模型以保证陈列高度。

· 若商品数量不足以陈列 3 层以上时，则需将商品恢复为普通陈列。

❖瀑布式陈列（图片 3-8）

所谓瀑布式陈列，即一种将商品陈列成瀑布形象的陈列方法。

图片 3-8　瀑布式陈列（玉米）

● **适合陈列的商品**

· 形状为球形、长方形等、重量上可单手轻松拿起的商品。葡萄柚、土豆、罐装饮料、意大利面、管装牙膏、一次性怀炉等。

· 可大量销售的单件商品。

· 原材料或包装颜色极其吸引眼球的商品。

● **陈列效果**

· 易营造出季节感、新鲜感、丰满感、美味感、实惠感。

· 拿取方便，可有效吸引顾客停留。

· 陈列作业简单、不费时。

● 注意点

· 为创造出瀑布形象，需有效利用陈列模型，根据顾客动线，适当调整卖场后方里侧位置的商品陈列高度。商品正面需朝向顾客动线。此种陈列方法尤其适用于水果等季节感强的商品。

· 事先确定陈列的最高点，以其为顶点，随意陈列商品。

· 尽量避免里侧的陈列模型暴露于顾客视线之内。

· 陈列商品数量减少时，可适当减少从顾客动线方向看去的陈列厚度，适时将商品调整成小型瀑布式陈列。

· 陈列蔬菜水果等生鲜食品时，下方商品易被损伤，需注意。

❖扩展式陈列（图片 3-9）

所谓扩展式陈列，指的是使用 R 形货架等，相比周围商品的陈列线略微向前扩展来进行陈列的方法。

● 适合陈列的商品

· 想吸引顾客关注的商品。新产品、重点商品、每月特卖商品、统一品牌的商品等。

· 可有效吸引顾客眼球的单种商品。

· 倡导健康的商品、可参考推荐菜单组合购买的多种商品、低盐商品、中国料理区等。

图片 3-9　扩展式陈列（酸奶等新商品）

● **陈列效果**

· 相比周边商品陈列线，此陈列方法中的货架略微向前扩展，可提高卖场的注意度，更容易引起关注。

· 易区分于其他陈列方法，也适合在贡多拉货架中使用。

· 通道狭窄时，此种陈列方法可起到跟突出式陈列同样的效果。

● **注意点**

· 陈列重点商品时，请提前学习商品知识。

· 考虑通道宽度和与周围商品的平衡，决定货架向外扩展的程度。

通道宽度为 180cm 以上，货架深度为 45cm 的贡多拉货架，最下段的扩展幅度应在 20cm 以内，中段扩展幅度应在 10cm 以内。

· 扩展式陈列的高度在距地面 150cm 以上时，商品的暴露程度会降低，很难收获预期的销售效果。

· 可将向外扩展的空间作为一个独立柜台，并考虑如何使用 POP、季节性因素的展示进行宣传。

❖弹性陈列（图片 3-10）

日本的审美意识中有一种“恬静”“闲寂”之美。弹性陈列并不是直截了当的整齐陈列，而是巧妙利用“间隔”“曲线”，营造一种体贴、柔软的氛围，给人一种恬静、闲寂之感，这正是一种富有弹性的陈列方式。

图片 3-10　弹性陈列（副菜）

尽管陈列的商品数量有限，但每一件商品仿佛都在跟顾客对话、展示自我主张。适合陈列高价商品、可以感受到新鲜度（视觉上）的商品、新鲜度流失快的商品、拥有高附加价值的商品等陈列数量较少的商品。

❖线式陈列（图片 3-11）

线式陈列，即将商品按线条状陈列的方法。

图片 3-11　线式陈列（罐装利口酒）

●适合陈列的商品

· 罐头、罐装饮料等筒形商品和长方形商品。

· 强调新鲜度和味道的商品。

· 中小型轻量商品。

● **陈列效果**

· 陈列在贡多拉端架、无盖货柜的中段位置时，有很好的吸引眼球的效果。

· 方便将后方商品补到前方，便于补货。

● **注意点**

· 在贡多拉端架等货架上的商品中，选取最想吸引顾客的商品，进行线式陈列（图表 3-19）。

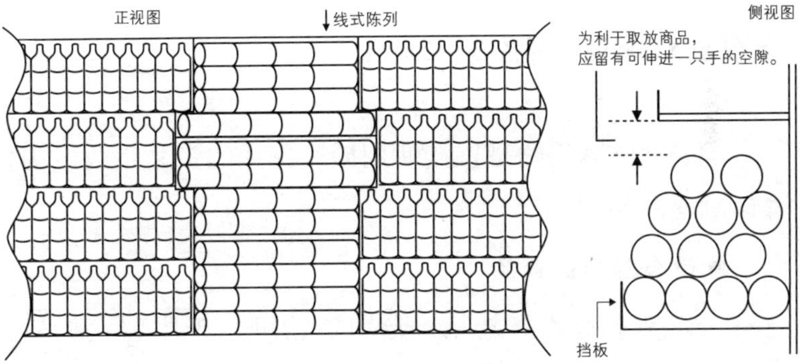

图表 3-19　线式陈列的要点

· 前排挡板受力大。应确认好货架强度、各段之间的高度后，再陈列商品。

· 为提高商品的视认率，将商品排面朝向正面。

· 统一前排商品的陈列高度，将商品排面统一朝向左或右。

· 当剩余商品数量仅能满足最下段货架时，可用隔板将后方商品向前推出。

·在贡多拉端架上进行陈列商品时，应将高度设置为120cm左右，即顾客容易看见、方便选取商品的黄金区。而在冷藏无盖货柜上陈列商品时，应陈列在最下段到120cm高度区之间。

陈列位置过高，商品则不易拿取，货架背板也容易暴露。若陈列位置过低，则所需陈列数量增加，维持卖场丰满感的难度也会随之加大。

❖原装式陈列（图片3-12）

原装式陈列指的是直接使用搬装货用的集装箱或专门货箱陈列商品的方法。

●适合陈列的商品

·商品本身的集装箱、专用货箱可用于原装式陈列的商品。

·被顾客广泛认可其价值的商品、高周转率商品。例如，牛奶、软饮、啤酒、清酒等。

●陈列效果

·便于进行商品的排面管理。

·商品陈列和撤回的工作负荷低，可实现低成本陈列。

·可提高排面数，营造出便宜实惠的感觉。

●注意点

·注意集装箱的角度和高度，方便顾客拿取。此外，在

图片 3-12　原装式陈列（牛奶）

无盖货柜中陈列时，需注意不要堵塞冷气的吸入口和出风口等。

· 集装箱接近售罄状态时，需及时换上新货箱并将剩下的商品陈列至新货箱上部。

· 保持集装箱、专用货箱的清洁。

❖挂钩式陈列（图片 3-13）

图片 3-13　挂钩式陈列（袋装糖果）

挂钩式陈列指的是，将紫菜盐、牙刷等重量轻的商品悬吊于挂钩进行陈列的方法。此外，也可在贡多拉端架、收银台前端架的侧面进行悬挂。通常还包括所谓的“日历商品”（图表 3-20）。

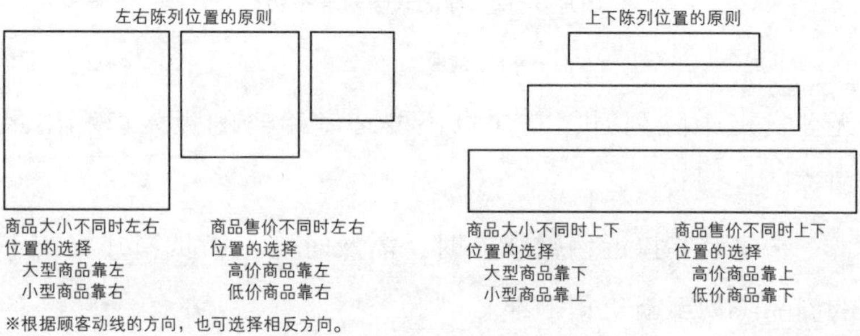

图表 3-20　挂钩式陈列的陈列位置的原则

●适合陈列的商品

· 中小型且重量轻的商品。例如，紫菜盐、糖果、制作糕点的材料、牙刷、炊具、日历等。

· 受商品形状的局限，很难采用前进立体式陈列以及补货很费时的商品。

· 尺寸、颜色、形状种类繁多的商品。

· 日历商品为单品销售型商品。

· 关联性强的商品。

· 商品周转率低或中等水平的商品。

●陈列效果

· 一眼望去便可了解整体布局，容易发现目标商品。

· 便于量少、种类繁多的商品群的比较购买。

· 排面调整简单易行。

· 可有效利用贡多拉端架的侧面等。

●注意点

· 将后排商品往前陈列时，需统一将商品正面朝向挂钩端口方向。

· 挂钩盖会移动，因此需注意挂钩间的间隔是否相同。

· 为保证价格一目了然，务必张贴价格卡。

· 调整排面时，为防止商品掉落，可一只手握住挂钩前端，另一只手将后排商品推至前方。

· 陈列日历商品时，通常会在前后各悬挂一张衬纸。当前衬纸商品只剩下两三件时，可将其与后部的新衬纸商品进行替换。售至两三件时，再将之前换入后部的商品与前部商品一起陈列销售。

❖推车式陈列（图片 3–14）

推车式陈列指的是，使用包括送货的推车在内的、带脚轮的推车等进行商品陈列的方法。

图片 3–14　推车式陈列（啤酒类）

●适合陈列的商品

·大、中型重量商品。例如，米、罐装啤酒、塑料瓶装饮料等。

·认知度高、周转率高的商品。例如，POS 数据里的 A 级商品、NB 商品、特卖商品等。

·可单件商品实现大量销售、陈列量大的商品。

·陈列时稳定性高的商品。

● 陈列效果

·卖场的布置和撤出十分简易，可用低成本实现重量型商品的陈列。

·适用于成箱销售、打折销售。

·使用可移动的工具，可以快速布置卖场。

·可以搭配岛型陈列、翼式陈列、贡多拉端架排列等多种方式。

● 注意点

·尽管常规贡多拉货架陈列也可获得显著的效果，但还应尽量陈列在显眼位置。

·移动推车时，需注意商品陈列的稳定性，谨防商品队形溃散、商品掉落等。

·与岛型陈列、翼式陈列搭配使用时，需综合考虑顾客动线、通道宽度、回游性，选择合适的位置。

·通常商品的周转很快，注意及时整理售罄商品的纸箱。

·可通过悬挂式、立架式 POP 等提高商品周转率。在岛型卖场大量销售单件商品时，可设置多张大型 POP 以确保各个角度的商品视认度，方便各个方向的来客看到商品。

❖存货式陈列（图片 3-15）

存货式陈列指的是，将库存商品陈列在贡多拉货架最上段的陈列方法。

图片 3-15　存货式陈列（农业和水产干货）

- **适合陈列的商品**

·用于补充常规卖场的未展出商品。

·特卖活动后剩余的少量商品。

- **陈列效果**

·省去了从后台将商品运出来补货的环节，提高了分拣、补充作业的效率。

·后台的库存数量减少，订货作业时伴随的库存确认的失误率也相应减少。

● 注意点

· 为确保商品陈列的稳定性，需避免对商品进行两层以上的叠加陈列。

· 将商品陈列在该商品的常规货架的上方或者附近。

· 最前排使用挡板，防止商品掉落。

· 与常规贡多拉货架一样，将商品正面朝向购物动线。

· 前排商品间出现空隙时，按货种归纳商品，尽量保证外观整洁美观。

· 使用梯子取放商品时需注意安全，同时需留意不可妨碍顾客购物。

· 取放库存商品时，务必检查商品的保质期等。

❖ 交叉式陈列（图片 3-16）

交叉式陈列指的是，为保证陈列的稳定性，将商品分层交叉陈列的方法。

● 适合陈列的商品

· 大中型长方形箱装商品、大米等大型袋装商品、采用原装式陈列方法的商品、采用割箱陈列方法的商品。

· 销售额高、毛利率低、周转率高的商品。

· 毛利金额高、毛利率高/中等、周转率中/低等的商品。

· 想通过堆高陈列来提高丰满感的商品。

图片 3-16　交叉式陈列（袋装点心）

· 陈列数量多的商品。

● 陈列效果

· 通过将重量型商品高高堆起，可充分打造丰满感。

· 商品交叉陈列不仅有利于增加陈列的稳定性还可防止商品掉落。

● 注意点

· 陈列时可用商品遮盖陈列台、地面，进一步提高商品的丰满感。

· 陈列袋装点心类商品时，需检查商品是否有破损，同时还需留意商品是否平整、是否有膨胀现象等。

· 陈列到一定高度时，可从上方按压并稍微移动货架以确认商品的横竖线是否对齐、陈列是否稳定等。商品横竖线一旦对齐，陈列的稳定性也会相应提高。

·分量感不足时，可将最上层的商品立起来陈列，以方便顾客看到商品正面。

❖空间式陈列（图片 3-17）

空间式陈列指的是，有效利用顾客易聚集的角落、无盖货柜的上方位置、柱子周围等通常不会用于陈列的空间，通过推荐菜单、设置饮食场景等陈列关联商品的方法。

图片 3-17　空间式陈列（副菜）

●适合陈列的商品

·非冷藏商品、与周边商品有一定关联的商品、易引起冲动消费的商品。

· 中小型商品、裸式陈列也可保证稳定性的商品。

· 可采用挂钩式陈列的商品。

· 礼品。

· 可提高店铺形象的进口商品、高价商品、衍生商品。

● 陈列效果

· 吸引顾客的眼球。

· 抓住即将到来的当季商品的销售先机。

· 通过推荐菜单、设置主题、营造季节感等，提高顾客的兴趣，提升店铺整体形象。

· 更易向顾客传递信息。

● 注意点

· 由于此空间本不是用来陈列商品的，因此需确认在此处陈列商品的安全性，以及顾客是否容易看到、取放是否方便等。

· 需在考虑与周边商品的关联性、宣传内容的基础上决定陈列位置和空间。

· 除礼品商品外，基本为裸式陈列。

· 周转快但无法用裸式陈列的商品，可考虑灵活运用小型陈列器具，进行割箱陈列或杂式陈列。

· 要有计划地撤换商品，切勿长时间陈列同一种商品。

· 需安排负责人对商品补充、POP 等进行有效管理，以避免出现缺货断货。

❖样品式陈列（图片 3–18）

样品式陈列是一种强调商品内容和推荐菜单的陈列方法。有时也会使用塑料材质的食品样品。

图片 3–18　样品式陈列（柔软剂）

• 适合陈列的商品

· 不容易出现新鲜度急剧下降、褪色、变味、腐烂等现象的商品。

· 水果罐头、意大利面等必须倒入盛具才能观察到颜色、香味、形状、分量等的商品。

· 可通过手握或触摸来感受其价值的商品。

● 陈列效果

· 通过实物或食品样品，直观地向顾客推荐料理，可激发顾客的潜在消费需求。

· 将商品的颜色、形状等内容具体地呈现出来，可有效刺激顾客的感官。

· 吸引顾客眼球。

● 注意点

· 定期确认样品是否变质，若发生变质，迅速撤换。

· 保持样品的清洁。

· 样品陈列在 150cm 以上或者 50cm 以下的货架上时，视认率和展示效果会下降。

· 使用 POP 和菜谱等，积极向顾客宣传商品的信息。

❖倾斜式陈列（图片 3–19）

倾斜式陈列，即将商品倾斜陈列，是一种即使陈列数量少也可以有效提高顾客注意力的陈列方法。

● 适合陈列的商品

· 大量销售型商品、新商品。

· 高价商品、衍生商品。

· 以外观吸引顾客的商品。

· 低于最低陈列数量的剩余商品。

· 通过陈列可提高卖场氛围的商品。

图片 3–19 倾斜式陈列（酸奶）

· 采用割箱陈列的商品。

● **陈列效果**

· 倾斜陈列，可提高主要购物通道上顾客的视认率。

· 可宣传出商品的美味度、新鲜度、高级感。

· 即使陈列量少，也可有效提高商品的存在感。

· 适用于通过提高商品暴露度来吸引顾客的商品，如大量销售型商品、新商品、高价商品、衍生商品等。

· 可提高顾客对本促销区的关注度。

● **注意点**

· 陈列量少时，可在商品间保留一定的空隙进行陈列。

·需一边确认商品的倾斜角度是否一致，一边进行陈列调整。

·对于割箱陈列的商品，需注意保持清洁，不可将其直接放置于地面。

·POP 可张贴在纸箱前面或通过立架将其立于商品后方，将 POP 朝向顾客通道。

·过于频繁使用倾斜式陈列，会影响变化陈列的效果。需针对某个商品或某个货架有效地展开。

❖半圆式陈列（图片 3-20）

半圆式陈列，即将商品排列至接近半圆状态的陈列方法。

● 适合陈列的商品

·开膛干鱼、意大利面、箱装即食咖喱、保鲜膜、笔记本、割箱商品等形状扁平的商品。

·希望在陈列上别出心裁的商品。

● 陈列效果

·即使陈列量少，也可营造出丰满感、美味感。

·此方法应用于陈列量大的商品、周转快的商品、新商品、展示型商品上时，可显著提高顾客的停留率。

·可突出货架和商品的存在感。

·可提高卖场的视认率和吸引力。

·可有效营造出美味感、高级感、新鲜感等。陈列得越

图片 3-20　半圆式陈列（天然奶酪相关）

灵活越有生气，越易传达出商品的品质感。

● **注意点**

· 陈列时需固定其半径，不可偏离中心点。

· 根据卖场主题和顾客动线等，区分使用凹面和凸面。

· 在半圆式陈列的商品前方摆放相同商品或相关商品时，需注意顾客动线、商品、通道宽度、商品的易拿取性。

· 此陈列方法可吸引较远处顾客，且适合利用主题招徕顾客。使用时应注意 POP 的内容和尺寸。

· 及时修复和调整陈列，确保商品间的空隙一致。

· 前排商品的陈列易溃散，需时刻留意。

❖衣架陈列（图片 3-21）

衣架陈列是一种针对悬挂式服装的陈列方法。

服装类商品由于顾客挑选、触摸频率高，其需调整的频率也较高。统一衣架的角度、保持衣架的间隔可以让商品看起来整齐美观。

图片 3-21　衣架陈列（服装类）

❖箱式陈列（图片 3-22）

箱式陈列，即将商品放进四方形或三角形箱柜中陈列的方法。

● 适合陈列的商品

· 红酒等瓶装商品。

图片 3-22　箱式陈列（红酒）

· 难以摆放于贡多拉货架上的小型商品。

· 想营造出高级感的高价商品。

● **陈列效果**

· 易形成商品区，易确保商品排面。

· 根据不同商品，可演绎出亲近感、高级感等不同风格。

· 可根据用途区分使用四方形和三角形箱柜。

● **注意点**

受形状局限，部分商品有掉落风险。该类商品应避免使用此种方法。

· 顾客不易看到商品正脸，需留意。

四方形箱柜（图表 3-21）

· 将红酒瓶口朝内陈列时，商品标签可见度高。

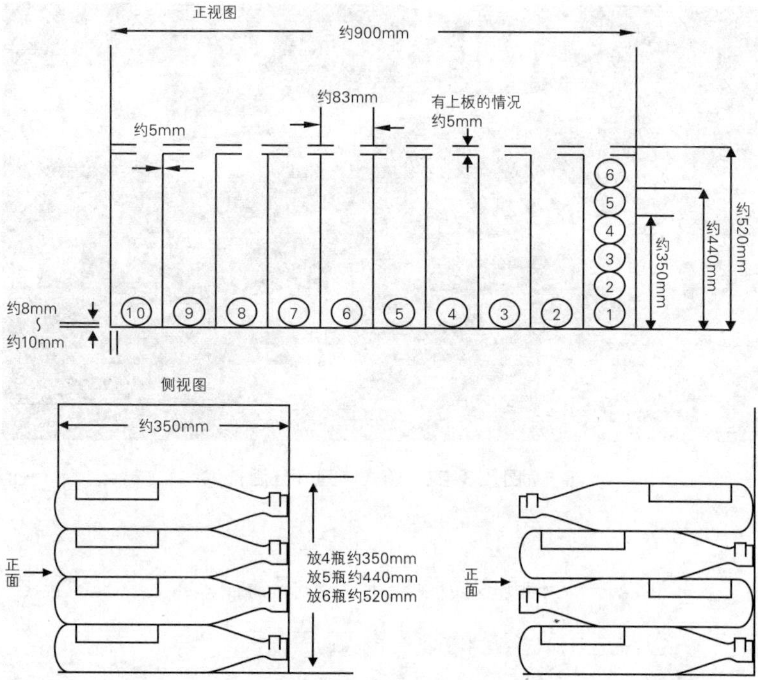

3尺贡多拉货架（架板约900mm）的四方形红酒箱柜。最适合营造丰满感。如果商品周转慢，可以在最下段放一两瓶酒瓶模型。

方便商品取放，适合突出丰满感。

图表 3-21　箱式陈列中四方形箱柜的红酒陈列方法（3 尺贡多拉专用）

如图片 3-22 所示，倾斜箱柜可以提高商品视认率。

· 周转慢的商品，其陈列量少，很难维持卖场的丰满感。此时可考虑在箱柜内放置一两个模型酒瓶，并使用带有季节感或商品形象的薄纸或布将其盖住，以营造卖场的丰满感。

· 箱柜角落处垃圾、灰尘易堆积，应定期清扫以确保清洁。

三角形箱柜（图表 3-22）

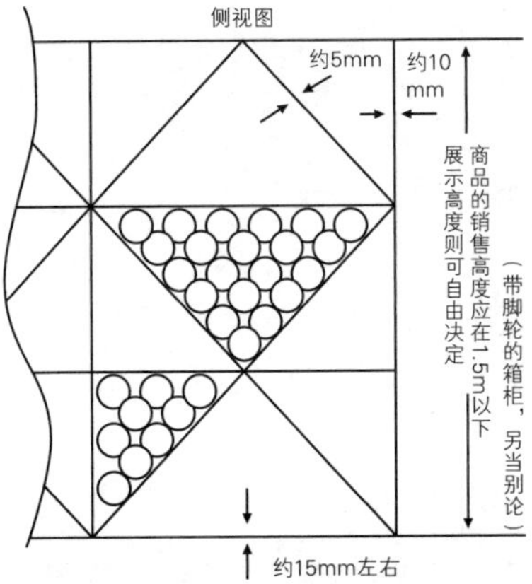

商品的摆放方向与四方形箱柜相同。箱柜内光线昏暗，可使用射灯。尽可能给箱柜配置脚轮。关于商品隔断，特卖时隔断应较大，常规销售时隔断应较小。

图表 3-22　箱式陈列中三角形箱柜的红酒陈列方法

· 红酒陈列方向与四方形箱柜相同。

· 周转快的商品需陈列在宽敞的地方。

· 每个箱柜至多可陈列两种商品。商品价格相同时，陈列两种以上也可。

· 为提高作业效率、降低工作负荷，可使用带有脚轮的箱柜。

第 4 章

大量陈列的技术

大量陈列的两个目标

商品陈列量越大，对于计划性和技术能力的要求就越高。在单件商品的大量销售和促销活动中，陈列技术的巧拙会大大左右销售额。

大量陈列的要点有两个，即卖场的冲击感和主题。

卖场的冲击感，取决于单品大量销售时的压倒性的分量感、销售主题，以及商品和卖场的魅力。然而，在实际的店铺中，对剩余的特价商品置之不顾、一个端架陈列多种商品、传递给顾客的主题晦涩难懂、主推商品的功能介绍缺失等不当案例屡见不鲜。

因此，大量陈列时，必须要彻底贯彻单品大量销售的原则，掌握有效传达卖场主题与商品魅力的陈列方法、展示技巧。

此外，应用大量陈列，必须要重视主题和卖场的设计。比如节日活动、厂商主导的展销会、以价格为卖点的促销活动等。也就是说，大量陈列的卖场需要仔细推敲、精心考究。

与此同时，由端架和平面展台组成的大量陈列区，还肩负着不断给每周惠顾一两次的顾客提供新鲜感的职责。在切身感受到了卖场和商品的新鲜感后，顾客会渐渐提高对店铺的忠实度，变成回头客。大量陈列便肩负着此使命。

大量陈列的作业方法与要点

有计划的大量陈列可以提高店铺形象。陈列技术是提高卖场中的商品视认率、促使顾客停留的重要方法。通过对单件商品进行大量陈列，可有效提高商品的销售力、提升卖场的收益。

大量陈列的技术要点，主要有如下三点。

事前准备要充分

没有事先计划的大量陈列，极易导致陈列商品种类繁多。随着时间推移，商品的陈列数量会不断减少，减少后的商品五花八门，极易造成卖场杂乱的印象。因此，多种商品同时陈列不仅很难保证商品排面，更会导致销售能力下降、作业难度上升，最终陷入商品周转率低下、补货次数增加、卖场新鲜感下降、特卖期延长、卖场陈旧无聊的恶性循环。

因而，大量陈列时周密的计划必不可少。不仅如此，整个活动期间需备齐的商品数量、陈列器具和促销工具的准备等事前准备也必须毫不懈怠、一丝不苟地执行。

①掌握大量陈列的原则

理解大量陈列的10大原则，以及顾客视角和店铺视角的

5大原则。

大量陈列的10大原则

· 主题要明确，清晰传递给顾客。

· 切实保证顾客的购物动线。

· 明确定位主角商品与配角商品，张贴适当尺寸、内容的POP。

· 把握常规陈列（前进立体式陈列）和变化陈列的平衡（8∶2~6∶4）。

· 商品正面（face）朝向顾客方向。

· 做好色彩管理。

· 使用适当的促销工具。

· 努力提高作业效率。

· 彻底保持清洁。

· 在适当的时机将后方商品补至前方、修复与调整商品陈列、切换布局。

顾客视角的5大原则

· 易入眼。

· 易看见。

· 易挑选。

· 易拿取。

· 易放回。

店铺视角的5大原则

· 易摆货。

· 易调整。

· 易补货。

· 易变化。

· 易订货。

②制作《开展计划书》

商品陈列时需结合以下要点制订陈列计划，输出计划书。

· 当陈列空间多于计划的商品数量、卖场略显空旷时，可考虑灵活运用陈列器具、陈列模型等，提高卖场的丰满感。

· 当陈列空间少于计划的商品数量、陈列空间稍显促狭时，可考虑削减商品数量、调整陈列高度、引入翼式陈列和突出式陈列方法等。

· 活动结束后，结合当初制订的计划，明确本次实际销售成果。同时，整理、记录陈列的效果和问题点，为下一次活动提供经验参考。

③准备必要的备用品

为在短时间内高效进行大量陈列，需事先做好如下准备并安排好备用品。

· 确认店铺里的陈列器具和备用品是否能正常使用。

· 确认厂家提供的促销工具、店铺新买的工具、从其他店铺借来的工具等活用工具，最晚需在活动前一天到位。

· 根据卖场活动所需的商品数量，发出订货订单。

· 确认库存时，要检查生产日期，严守先入先出原则。

④制作 POP

POP 的尺寸、内容、位置会影响销售额。因此，活动前应讨论并确定 POP 的尺寸、内容、位置，店铺自己制作或是总部、厂家直接配给等事宜也需事前确认。

⑤在后台事先准备

· 进行割箱陈列时，最好事先在后台完成作业准备。

· 事先在后台准备好陈列模型等。

⑥做好工具、备用品的清洁

保持清洁是陈列工作的基本。陈列商品之前，要清扫好陈列器具、货架及其他备用品。

· 脏污严重时，使用抹布等工具，按货板、背板、顶板，侧面、前面的顺序，依次擦拭干净。

· 画圆式擦拭容易造成漏擦，应从一端到另一端直线擦拭。

· 陈列位置擦拭完毕后，需继续擦拭货架周围部分。

⑦将货物搬进卖场

搬运重量型商品时，务必要使用带脚轮的推车，并保证安全运送到陈列位置。

· 在后台将商品搬上推车时，要考虑卖场中商品的陈列顺序，分品种、按分量放入推车。

· 搬运商品至推车时，应结合卸货、上架时的需求调整商品朝向，避免不必要的重复作业。

· 为严格贯彻先入先出原则，在商品搬运至推车时需注意商品的保质期等信息。

·注意安全，以前拉方式移动推车。切勿向前推动推车。

·推车内商品过多、重量过大导致不得不使用前推方式搬运时，需时刻留意前方，一边大声提醒一边慢慢前推。理想的方式是一人在推车前方拉动，另一人在后方推。

·营业时间内搬货时，还需留意跟顾客的互动。“不好意思”“欢迎光临”等寒暄也不容忽视。

⑧陈列前的准备工作不可懈怠

陈列工作应集中在营业外的时间或选择客流量少的时间段，一边注意安全，一边迅速完成，尽量避免妨碍顾客购物。

·注意运货推车的陈列位置，不要堵塞顾客通道。

·将推车放在易于陈列商品的位置，快速完成陈列。

·将商品陈列在平面展台上时，需考虑顾客动线，确定正确的卖场朝向。

·停放推车时，需将脚轮锁住，防止推车移动。

·将商品陈列在端架上时，需选择顾客数量少的通道，将推车停在货架正前或者左右任意一侧。

·将空纸箱、促销材料、备用品、POP、陈列模型等统一放在不妨碍顾客通行的地方。

端架的基本制作方法

将商品陈列在平面展台时，通常会在展台中间位置，从地基即下方的商品开始进行陈列作业。陈列在多段式货架时，则从最下段开始作业。此种陈列方法既可遮盖陈列器具的底板和背板，又可通过调整下段商品和中段商品的陈列间隙充分确保商品的丰满感，同时还能兼顾商品易拿易放的优点，一举多得。

最下段

①对齐地基 陈列第一段商品

· 下方一般陈列销售量大的商品和重量型商品。

· 排面的宽度、高度、深度 3 个要素决定了货架的丰满感。排面无法充分保证时可用高度进行弥补，高度无法充分保证时可通过加大深度进行弥补。也就是说，不充分的要素可通过其他要素弥补。

· 一边想象陈列完成后的形象、安全性、稳定性等，一边将商品的前后左右对齐地基架板。

②对齐第一段 垂直向上堆放

· 想象商品的轮廓线、中/上段陈列完成后的样子，将商品陈列高度定为顾客易拿取的高度，即地面以上 60cm～100cm 左右。

· 堆放时需综合考虑易见性、易选性、易拿取性等。

· 堆放时需考虑顾客动线。

· 向上堆放时，需保证所有商品正面朝向通道方向（卖场正面或侧面）。

中段

③决定架板的高度，然后安装

· 中段架板的安装高度为地面以上 80cm～120cm。

· 最下段商品和中段架板间需留有可以伸进一只手的距离。

· 陈列商品前，需从上往下按压架板以确认架板是否稳定。

④实际陈列商品

· 首先，确定好最前排商品的位置和排面数。

· 其次，从下段后方开始进行陈列。

· 以下段为基准统一商品排面。以相同方式完成第 2 段商品陈列后，再安装上段的架板。

上段

⑤结合商品视认率进行上段陈列

· 上段陈列与最下段、中段相同，需考虑易见性、易拿取性等。多使用裸式陈列。

· 使用与中段相同的方法，确定架板高度后安装即可。

· 使用与中段相同的方法，在最前排摆放商品、确定商品排面数。

· 从前往后陈列商品。摆放时需将所有商品正面朝向通道方向（卖场正面或侧面）。最前排的商品需进行高度确认，保证该高度下商品易取易放。

端架周围

⑥确定变化陈列的地基

· 根据需要，在端架周围进行变化陈列。

· 采用杂式陈列、突出式陈列、翼式陈列时，需注意保证通道宽度和商品的清洁。

⑦依次向上进行变化陈列

· 陈列时，需留意稳定性和外观，并注意与上下左右的陈列保持平衡。

· 向上堆放商品时，需注意调整商品朝向。高度到120cm 为止。

⑧使用促销材料演绎卖场

· 结合顾客动线，安装事先准备好的大型展板（促销主题、菜单展板、手工展板）、可移动圆形货柜、POP 等促销材料。

岛型货架的制作方法

岛型陈列具有提高视认率、顾客通过率、停留率的效果。陈列高度低，卖场视野好，因此易促进顾客回游，对于提高商品认知度也有不错的效果。

①顾客动线=确认通过率，建立地基

考虑顾客流动路线，决定商品配置。同时思考高销售额的商品、高利润的商品、主题性商品等各件商品的定位。

· 将陈列工具放在规定位置。

· 事先在后台准备好所需数量的商品，将 POP、所需备用品等都堆放至推车。

· 移动平面展台、推车等陈列器具移至卖场时，需注意不要妨碍顾客购物。

· 停放推车时务必锁住脚轮。

②明确正面反面

· 使用立架式 POP 时，需首先确认好 POP 展示位置，再进行商品陈列。

· 结合陈列台的形状和顾客动线，决定商品陈列位置。

③地基——最下段的陈列

· 根据陈列器具的高度、面积、形状以及商品的陈列数量，配置陈列模型。

· 想象商品的配置、排面、样式、陈列空间等。

· 从地基即下方的商品开始陈列。

· 将商品正面朝向顾客动线。

· 在平面展台上也可使用有一定高度的陈列器具来打造卖场亮点、开展非冷藏商品的关联销售（图片 4-1）。

④堆放商品时需确保易取放

· 陈列时，需留意商品是否便于取放，一边调整商品朝向，一边按顺序向上堆放。

· 对于前后深度较大的平面展台，需保证中间到后方商品的陈列高度，营造出卖场的丰满感。

· 商品陈列出现缝隙时，需及时调整至不明显的状态。

·前方两到三排为实际销售区。考虑到取放商品的便捷性，最高陈列高度可设置为80cm。

·参考割箱陈列的方法，在陈列重量型商品时，改变作业姿势，灵活使用膝盖，减少腰部负荷。使用藤筐陈列时，尤其需要注意。

·陈列的商品倾斜时，可将纸箱的纸壳塞到合适位置，修正倾斜状态。

·不得不在营业期间进行商品陈列时，应以顾客为先，勿忘接待礼仪。

图片 4-1　提高平面展台视认性的工具

·对空纸箱等物件进行妥善处理，不得妨碍顾客动线。

⑤实施变化陈列

·根据需要，加入杂式陈列、突出式陈列、翼式陈列等。

⑥使用促销材料

·注意顾客动线的方向，设置大型展板、可移动圆形货柜、POP 等促销材料。

站在数米开外的位置，以顾客的视角综观全场，调整促销材料。

酒类卖场的大量陈列

酒类卖场中，商品形状、商品设计既有统一感又不缺乏个性。在酒类卖场中，商品的品类齐全和饮酒场景的设置等卖场演绎极其重要。以下将介绍几种灵活利用商品特性进行有效陈列的方法。

新商品等使用线式陈列

啤酒等筒形商品中，将尤其想吸引顾客注意的商品成线状陈列在常规贡多拉货架、贡多拉端架、无盖货柜的中段，以提高顾客的关注度。(图表 4-1)

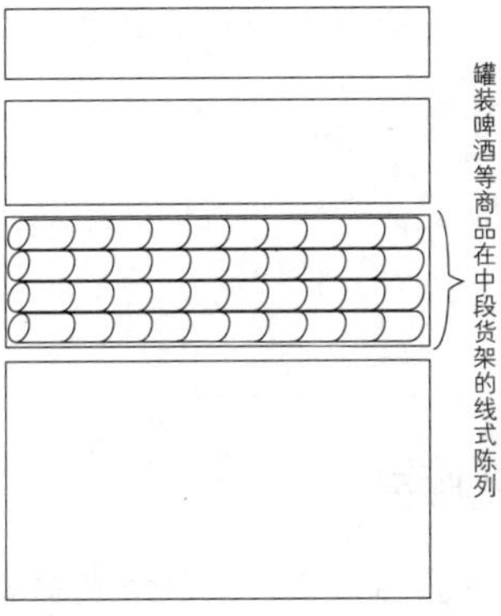

图表 4-1　端架中段的线式陈列

● 陈列效果

赋予卖场变化感，提高吸引顾客眼球的效果。可在不增加陈列、修复与调整及补货次数的前提下轻松改进商品的排面效果。

● 陈列方法

第一段从最前排开始，一边统一商品朝向，一边陈列。第二段及以上则以第一段为基准由里向外陈列。

● 修复调整与补货

用两只手将后排商品推到前排。当商品只剩下最后一段时，用隔板等工具将后排商品推到前面，维持最前排的立体陈列。

● 注意点

· 统一最前排商品的高度。

· 前排商品统一朝向左右任意一侧。

· 商品与上层架板间需留有可伸进一只手的空间，方便顾客取放商品，同时要注意遮盖背板。

· 由于前排挡板受力较大，需事先对商品高度和挡板强度进行确认。

不费工夫的箱式陈列

红酒等瓶装商品适合使用木箱等进行箱式陈列。适合陈列在端架最下段或平面展台、以及关联商品的各卖场附近的

突出式陈列位置。(图表 4-2)

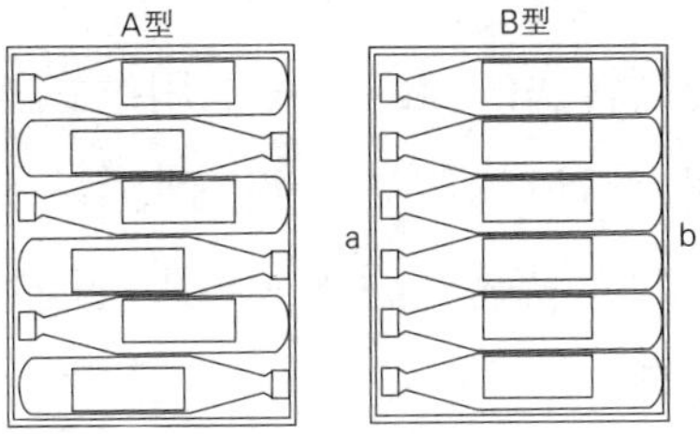

图表 4-2　木箱的箱式陈列（上视图）

● 陈列效果

可演绎出亲近感、高级感等商品特点。

● 陈列方法

首先决定木箱或铁丝箱的陈列位置，然后注意防止酒瓶破损，从下往上谨慎陈列。商品由上部开始依次售出，故可省去商品修复与调整的作业。

● 注意点

· 1 个箱子最多陈列两种商品。

· 当 1 个箱子陈列超过两种以上商品时，销售过程中商品排面数可能会发生变化，此时需注意 POP 的位置。

· 箱内光线昏暗时，可使用 LED 点光。

· 如图表 4-2 中 B 型陈列时，a、b 任意一方都可作为箱子的正面。当 b 为箱子的正面时，顾客更容易看到商品标签，但由于顾客握住的是瓶的下部，商品滑落的风险也大大增加。

啤酒类商品的丰满陈列

啤酒类商品杂乱陈列于平面展台时，需设法演绎出卖场的丰满感。对于周转快的商品，可采用杂式陈列、线式陈列，或在平面展台摆上适量的假砖或陈列模型，用少量商品创造出视觉效果极佳的丰满感（图表 4-3）。此种方法也适用于 6 罐袋装的啤酒商品。

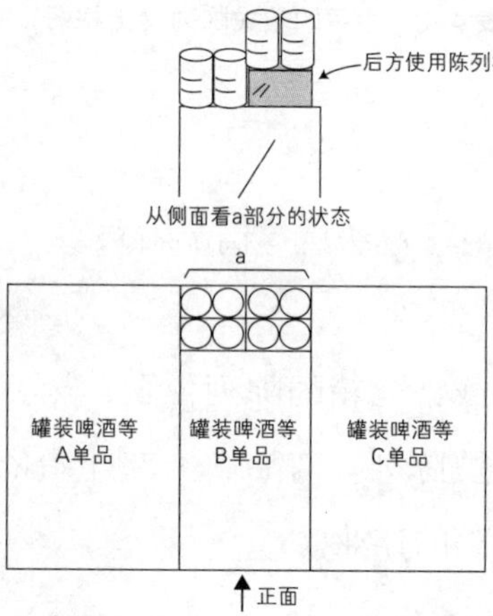

图表 4-3　量少但视觉效果丰满的陈列方法

可提高视认率的平面展台陈列

在平面展台上陈列商品时，充分考虑顾客动线和商品构成可有效提高商品的销售力。使用图表 4-4 的平面展台时，可在视认率最高的正面陈列新商品、衍生商品以吸引新消费者购买。此外，可在朝向高通过率的通道一侧，按照购买率高低顺序由前往后依次陈列可拉高销售额、毛利润的主力商品（大量销售型商品）、购买数高的商品等。在朝向低通过率的一侧，陈列次主力商品。

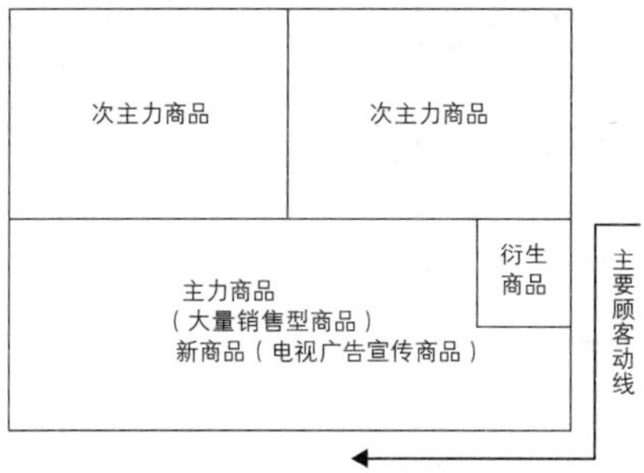

图表 4-4　提高平面展台的视认率的方法

然而有时由于某些原因，主力商品和次主力商品的陈列位置也会调换。

灵活利用厂家活动

饮料和酒类厂商中，很多民族品牌每年会组织几次大量陈列的竞赛。竞赛评审的要点如下：

· 陈列的丰满感

即压倒性冲击感和丰满感。陈列数量不足时，可利用陈列模型演绎丰满感。

· 陈列的主题性

演绎出户外饮用场景或者有季节感的饮用场景，创造某种主题性至关重要。

· 陈列的原创性

通过店铺自制的 POP 等，挖掘出顾客“买来看看”“喝口尝尝”等潜在需求。

事实上，也可将此类厂商活动作为提高商品陈列、卖场展示技术的机会加以灵活利用。

第5章

陈列工作的改善

效率化的3个关键

与商品补货和卖场的修复、调整等陈列工作相关的成本主要有如下几类：

· 与陈列工作直接相关的人工费。

· 订货过剩导致的商品折扣损失、废弃损失，以及撤回商品所产生的人工费。

· 销售技能不足所产生的人工费。

下面我们来讨论一下与陈列工作直接相关的人工费。

图表5-1比较了拥有相同卖场面积和年营业额的两家店铺的食品杂货部门中，不同作业项目的单人单位工作时间。

作业项目中，“商品陈列”指的是常规卖场、贡多拉端架、季节性商品区等区域的商品陈列和补货工作。“卖场管理”指的是商品前推作业，即将后方商品补至货架前方、卖场修复与调整、维持卖场清洁等工作。

“后方管理”指盘点后台的库存、维持后台清洁的工作，“销售管理”指开展特卖、店内促销活动时，制订计划、决定工作分工等工作。

“信息管理”则是处理顾客需求、管理销售额和毛利润等数据的工作。“交流沟通”指的是晨会、部门会议、讨论

作业项目		A公司店铺		B公司店铺	
		单人单位工作时间	构成比（%）	单人单位工作时间	构成比（%）
A	商品陈列	9500	49.0	12500	59.4
B	订货	980	5.1	1600	7.6
C	卖场管理	2200	11.3	1900	9.0
D	商品管理	900	4.6	1200	5.7
E	后方管理	195	1.0	160	0.8
F	销售管理	2300	11.9	1600	7.6
G	信息管理	750	3.9	300	1.4
H	交流沟通	950	4.9	300	1.4
I	顾客接待	125	0.6	100	0.5
J	POP制作	590	3.0	0	0.0
K	事务、其他	900	4.6	1400	6.6
合计		19390	100	21060	100

图表 5-1　不同作业项目的单人单位工作时间

会、商品知识分享等共通性工作。

从图表中我们可以发现，不同作业项目所分配的单人单位工作时间也不同。而且，两个店铺的商品陈列作业都占了单人单位工作时间总数的 5 成左右。也就是说通过改善商品陈列，可以大幅削减店铺整体的单人单位工作时间。

图表 5-2 按一周内的不同天分统计了 A 店不同作业项目的单人单位工作时间。

此表中，陈列数量（=工作量）与单人单位工作时间数是否成正比关系十分关键。

常规卖场的补货数量，可依据以往的销售数据，计算出一周内不同天分的平均值作为补货的标准值，即目标，然后根据目标分配单人单位工作时间数、人员。事实上，所有负责人都应深谙补货的标准值和所需的单人单位工作时间等。

作业项目		一	二	三	四	五	六	日	合计
A	商品陈列	25.5	25.5	14.7	34.5	28.5	28.3	25	182
B	订货	2	2.0	5.5	2.0	2	2.0	3.5	19
C	卖场管理	2.5	10.0	12	1.0	8.5	1.0	7	42
D	商品管理	3.5	1.0	2	5.0	1.5	3.0	1	17
E	后方管理	1	0.2	2	0.2	0.2	0.2	0.2	4
F	销售管理	3.5	7.5	12.5	2.5	9	2.0	7	44
G	信息管理	3.5	0.5	1.5	3.5	1.5	3.0	0.5	14
H	交流沟通	4.2	2.6	2	3.5	2.5	2.5	0.7	18
I	顾客接待	0.2	0.5	0.2	0.2	0.1	0.3	0.5	2
J	POP制作	3.5	0.0	3	0.0	2.5	0.0	2	11
K	事务、其他	3	0.5	3.5	3.0	3.5	3.0	0.5	17
合计		52.4	50.3	58.9	55.4	59.8	45.3	47.9	370

图表 5-2　A公司店铺的一周内不同天分的单人单位工作时间

工作人员一边秉承顾客至上的姿态，一边不断提高陈列工作的技能、提高工作效率十分重要。

此外，在实际谋求改善陈列工作的效率时，应先确认 3 点：①由于排面数低于销售数量的商品过多，导致出货、摆货作业频繁的情况是否时有发生；②遵循先入先出原则时，是否做好了日期确认；③是否对排面数做了适当的调整。确认好以上 3 点后，再寻求改善。

对于①，要保证合适的排面数，减少补货摆货的频率。为此，需要找到每件商品最合适的排面数，同时还需做好商品间的权衡、锁定重点陈列商品。

对于②，补货时，确认好打折商品的生产日期，将超过企业规定保质期的商品撤掉。尤其是日配商品和生鲜食品，将不同保质期的商品一起陈列时，要在临近保质期的商品上贴上打折标签，统一靠近左右任意一侧陈列（图片 5-1）。

关于③，虽然商品的货架分割一般是由商品部门规定的，

图片 5–1　区分开生产日期久的商品

但商品周转率（销量）会因对手店铺和客户群等因素的变化而变化。因此，需严格做好排面数的定期维护和更新。

其他方面的效率提升

● 作业频率、时间、顺序、方法的改善

大多数情况下，陈列工作的效率提升都与交货、补货作业有着密不可分的联系。

因此，即便是小幅度削减交货、补货的频率与次数，也可带来陈列工作时间的大幅度减少。此外，还可考虑通过生鲜、日配商品的作业顺序调整来提高工作效率。例如，不在陈列商品时逐一确认产品的新鲜度和生产日期，而是在陈列前集中做日期检查等。

如上所述，通过重新梳理从操作台（拆包装作业区）到商品陈列、商品撤回的所有工作环节，事实上可以大幅度提高作业效率。

● **后台的检证**

很多店铺的后台常年维持着开张时或者店铺改造后的样子，一成不变。事实上，几年一次的周期性验证对提高工作效率十分必要。

例如，可通过如下方面的检证来探索是否能够消减行走的步数、寻找物件的时间等。

· 经常使用的促销工具和试吃台是否放置在卖场附近。

· 一年仅使用一次的节日活动道具的保管区和管理方法是否合理。

· 生鲜、副菜等食品的塑料托盘准备得是否充分、陈列位置是否合适，是否方便取放。

· 食品杂货的库存是否彻底实现了“可视化”。

卖场修复与调整技术

与在待机时间（客流量少的时间段）或关店时间进行集中补货一样，营业时间内进行卖场的修复与调整也需要在有限的时间内高效进行。

为此，需根据商品周转率和排面数，决定修复与调整作业的前后顺序。

各卖场和销售区的修复与调整顺序已有一套既成的体系方案。具体顺序如下：

①节日活动卖场、传单宣传商品等商品快速周转的卖场；

②面向第1磁石的冷藏柜、端架，以及平面展台等大量销售型卖场；

③中央通道上的端架、平面展台；

④常规卖场（贡多拉货架和冷藏柜的黄金区、最下段、特卖商品）；

⑤其他常规卖场。

紧急情况下可从畅销商品开始

• 常规贡多拉货架

图表5-3介绍了常规贡多拉货架的修复与调整的顺序。

在有限的时间内，可按照以下顺序进行修复与调整。

⇨⇨⇨⇨①	⇨⇨⇨⇨②	⇨⇨⇨⇨③	④
↓	↓	↓	↓
↓	↓	↓	↓
↓	↓	↓	↓

通常情况	……上层货架从左到右、从上到下进行修复与调整。
紧急情况	……只修复和调整畅销商品。
十分紧急	……只修复和调整排面广且畅销的商品。

图表 5-3　常规贡多拉货架的修复与调整的顺序

· 通常从 3 尺、4 尺左右的货架左侧开始，从上到下逐件进行修复与调整。

· 紧急情况下，可优先修复、调整畅销商品的前两三排。

· 十分紧急时，可优先修复、调整排面广且畅销的商品的前两三排。

● 无盖货柜

图表 5-4 介绍了无盖冷藏柜的修复与调整的顺序。

↑	↑	↑	↑
↑	↑	↑	↑
↑	↑	↑	↑
⇨⇨⇨⇨①	⇨⇨⇨⇨②	⇨⇨⇨⇨③	④

通常情况	……上层货架从左到右、从上到下进行修复与调整。
紧急情况	……只修复和调整畅销商品。
十分紧急	……只修复和调整排面广且畅销的商品。

图表 5-4　无盖冷藏柜的修复与调整的顺序

· 通常从 3 尺、4 尺左右的货柜的左侧开始，从上到下逐件进行修复与调整。

· 紧急情况下，只修复和调整畅销商品。

· 十分紧急时，只修复和调整排面广且畅销的商品的前两三排。

无盖货柜最下段商品的视认率最高，购买率也最高。因此，修复与调整时需从最下段开始。

● 将后方商品补至前方

图表 5-5 展示了常规贡多拉货架修复与调整前后的状态。

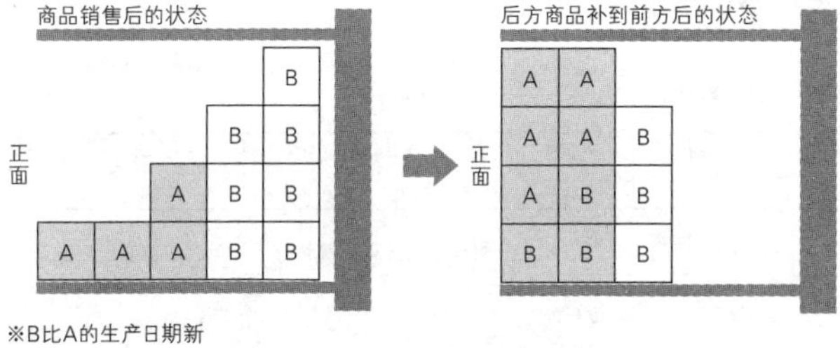

图表 5-5　将后方商品补至前方的要点

将后方商品补至前方的卖场修复与调整工作，是为了维持商品应有的陈列状态，以确保不对顾客的购买欲造成负面影响。

日期管理也同样重要，为严守先入先出原则，应将生产日期较久的商品摆放至前面上方部位。从商品管理的角度出发，陈列同一商品时不应有显示 3 种以上生产日期的情况。

万能手册

图表 5-6 为超市重要人手——兼职员工的卖场修复与调

整作业的检查表。注意点如下。

1	是否在规定的时间定期对卖场进行了修复与调整?
2	实施修复与调整时是否优先周转快的商品?
3	是否在规定时间内选择了合适的方法进行修复与调整?
4	紧急情况下，是否优先畅销商品，快速地进行了修复与调整?
5	十分紧急时，是否只对排面广且畅销的商品进行了修复与调整?
6	排面是否整齐，为卖场营造出了放心感、可靠感、丰满感?
7	架板前方轮廓线是否整齐、挡板与商品陈列线是否对齐?（没有挡板时，将商品向架板前方推出几毫米，进行突出式陈列，提高商品的暴露度。）
8	商品正面是否全部朝向通道? 并且修复与调整后的商品是否易比较、易看见、易选择?（陈列在端架两侧的前两三排商品朝向正面，后边的商品朝向侧面。）
9	是否遵守了贡多拉货架“从左到右、从上到下”和冷藏柜“从左到右、从下到上”的修复与调整的顺序?
10	在陈列量变少的卖场中，是否有使用陈列模型等工具有效维持了卖场的清洁感、丰满感、热闹感等?
11	在顾客的眼中，动作是否敏捷利落?
12	在进行修复与调整工作时，顾客咨询商品配置的情况后，是否将顾客引导到相应的卖场，进行了恰到好处的顾客接待?
13	陈列后是否遮挡住了架板上板、内侧背板?
14	距离上段架板是否留有了可伸进一只手的空隙?（虽然商品与上段架板的空隙不足以放进一个商品，但空隙十分明显时，可在后排灵活使用陈列模型。）
15	相邻商品间是否留有1mm~2mm的间隙?（尤其是瓶装商品等易碎商品应留有2mm~3mm的间隙。）
16	在陈列时，是否确认了商品的日期、商品内容? 是否注意了商品周转、价格卡、POP的位置和大小?

图表 5-6　兼职员工的卖场修复与调整作业的检查表

①有计划地实施

遵循作业指导书。无作业指导书时，应理解修复与调整工作的主要目的是将商品恢复到易看见、易找到、易取放的状态。有计划地进行修复与调整非常重要，在何时、由谁、在什么时间之前、进行多大规模的修复与调整等均需提前明确。

②考虑工作效率

实际上，修复与调整工作经常是在补货的同时进行的。一天内可专门用来修复与调整的时间并不多。

因此，修复与调整工作应有一个体系，即规定每几个小时定期对自己负责的区域进行检查，明确修复与调整的区域顺序，确保在短时间内完成集中修复与调整。

③提高技能和速度

要想正确且高速地完成卖场的修复与调整，需要一定的技能。若在每天工作中都能时时注意修复与调整作业的正确性，有意识地提高速度，那么修复与调整工作的技能也自然而然会在日积月累中得到提高。

然而，也需注意欲速则不达。过于注重速度，有时反而会损坏商品，妨碍顾客，因而得不偿失。

此外，麻利敏捷的动作、接待顾客的技术、丰富的商品知识也会让顾客产生好感，这些内容也是卖场修复与调整相关的从业者应具备的技能。

④学习知识的场所

从业者在修复与调整卖场的同时还需顺便确认 POP、展示卡、价格卡等物品的位置、是否发生弯折，以及安装状态是否牢固等。此外，检查商品的品质状态和保质期也是必要的。再者，还应有意识地从商品的包装上学习商品相关知识。

⑤**陈列工作与顾客接待**

商品陈列状态的好坏会大大左右顾客对店铺的印象，但陈列工作不可只注重效率。

尤其是在店铺营业时，最能够吸引顾客视线、比任何商品更容易引起顾客注意的其实别无他物，正是店铺里的每一位员工。

无论喜欢与否，员工们在进行订货、补货、修复与调整、将货架后方商品补至前方等作业时，事实上都在接受着顾客的“检阅”。

因此，我们在开展工作时应时刻警惕并不断加强接受顾客“检阅”的意识。

笔者认为，工作人员是店铺最好的代言人。

衷心希望他们的一言一行、一举一动，都能给顾客留下良好的印象，得到顾客的高度评价。

第 6 章

魅力展示的技术

色彩管理的技术

顾客与卖场之间的关系，主要靠以下 6 个方面的交流来维系。维系之基本，一部分在于顾客对商品本身的满意度，更多的却在于视觉效果所带来的交流。6 种交流具体列举如下（图表 6-1）。

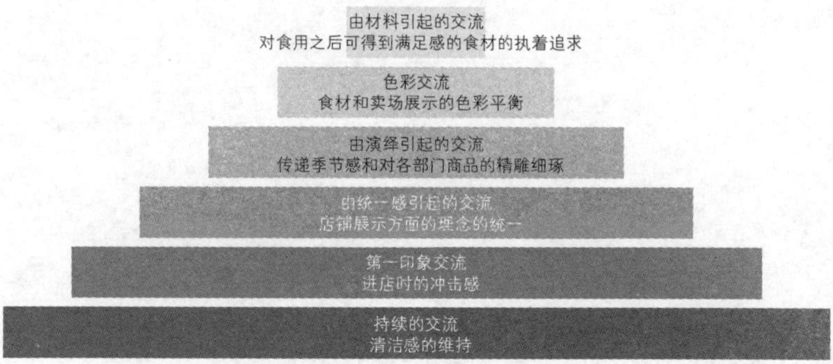

图表 6-1　顾客与卖场的“6 种交流”

- 对商品的满意度。
- 商品和卖场展示的色彩平衡。
- 充满季节感的卖场展示与对各部门商品的精雕细琢。
- 卖场展示出的统一理念。
- 进店时的冲击感。
- 清洁感的维持。

此 6 种交流为商品和卖场营销的基本。

其中有一项与商品陈列并重的技术，即色彩管理。甚至可以说顾客进店时的第一印象中有 8 成是由色彩决定的。尤其是在大型规模的店铺中，色彩搭配的巧拙会大大影响卖场和商品的形象。

例如，色彩上与副菜菜单搭配巧妙的托盘和器皿可以更好地诠释商品的美味。色彩管理得当，不仅能方便顾客选择商品，还可以使卖场的形象更加鲜明。反之，若卖场和商品的色彩不能吸引顾客，那么精心创造出的商品价值也就失去了意义。

春、夏季节可搭配绿色、蓝色等冷色系的色彩，冬季可布置红色、橙色等暖色系的色彩以提高卖场的季节感。

有效进行色彩搭配需要综合考虑多种要素。例如，地面和照明等店铺内饰、商品、托盘、制服等。常用于平面展台腰部以下位置的可移动圆形货柜也是重要的色彩要素。此外，使用前进立体式陈列突出商品的丰满感时，利用商品本身的色彩，可进一步加强视觉冲击。

如上所述，通过有效陈列商品，巧妙发挥店铺内饰色彩以及商品本身色彩的作用，可以有效提高商品价值的吸引力。

何为最佳色彩搭配

在学习色彩管理技术之前，首先要明确何为最佳色彩搭配和色彩平衡。正如前文所介绍，店内的色彩印象取决于墙壁、地面、器具、托盘以及商品等要素的组合。那么接下来，我们来思考一下每一种颜色该如何通过组合实现最佳色彩搭配。

首先，色彩管理技术的基本是主色调。主色调决定了卖场的环境，主要由墙壁（材料、形象）、地面、器具三个要素构成。换言之，主色调可以被认为是决定商品陈列环境的颜色。

其次，与主色调呈相对关系的是“底色（展板）”“重点色（托盘）”“混色（商品）”三部分。这三部分与决定卖场环境的主色调相配合，控制着卖场展板、托盘、商品的颜色。

例如，若主色调为富有生机的自然色，则其他部分可以使用绿色系。

在大型超市中，经常会发现品质优良的商品种类齐全，颜色却五花八门，毫无统一感。在色彩管理技术尚未大面积普及、应用之前，端架等大量陈列的卖场，经常发生商品陈列不协调，导致视认率下降的情况。

出现这种分散没有统一感的卖场，究其原因，是因为没有理解色彩管理的意义与基本内涵。色彩各种各样，但并非可以无规则地随便搭配。懂得了色彩搭配的技术，卖场的色彩管理水平会更上一层楼。

店内、卖场、商品等因素的色彩组合构成了色彩管理的基本。

符合季节感的色彩搭配方法

通常，季节不同，人们脑海里浮现的匹配色也不同。因此，使用符合季节特色的颜色进行卖场的色彩管理，可以演绎出卖场的季节氛围。下面列举了一年四季中，日本卖场色彩管理的参考思路。

· **春**　春是樱花的季节，使用树叶的翠绿和樱花粉为基调，可以演绎出一个春天气息十分浓郁的卖场。也非常符合女儿节的气氛。

· **夏**　夏季色彩管理的关键是营造出清凉感。应以蓝色为基调，营造出一个清凉的卖场氛围。

· **秋**　秋季的卖场适合使用能让人联想到落叶和果实的颜色。可用褐色、橙色为基调，配以可移动圆形货柜。

· **冬**　寒冷冬季的卖场，最适合使用可以酝酿出温暖感的暖色系。例如，可使用能使人联想到火焰的红色为基调来进行卖场打造。

充满魅力的店内展示技术

通过对每个商品群、每件商品进行正确、适当的陈列，成功引导顾客进入卖场并促使其带走心仪的商品。在这个过程中，可将能提高卖场和商品注意度的店内展示要素归纳为：演绎、照明、清洁感三个方面。各要素的要点如下。

演绎的技术

卖场应该给顾客提供快乐。一个毫无乐趣、信息稀少的卖场，会让顾客忍不住想要逃离。如此一来，购物行为便演变成了一项想尽快完成的工作，无半点期待、乐趣可言。

给目标顾客营造出一个有共鸣、有乐趣的空间的技术就是演绎技术。演绎的内容可以是季节、节日（春夏秋冬、圣诞节、女儿节等），也可以是部门（蔬菜水果、鲜鱼、精肉、副菜等）等。

需注意的是，任何的演绎都必须要符合店铺理念。

• 果蔬

蔬菜水果品种繁多、色彩丰富，因此店铺演绎所用的材料应控制好色彩搭配。此外，最好能突出商品的丰满感，强调出当季食品的新鲜感。

●鲜鱼

通常无盖货柜和平台货柜上方的演绎空间非常有限，因此应巧妙利用货柜上边的空余空间，做特别演绎。将充满艺术感的假鱼和木质展板装饰在天花板或者墙壁上，以此来传达店铺的心意和热情。在日本，寿司类商品，则可通过强调江户式风格来进行卖场演绎。

●精肉

演绎精肉商品，一般使用无盖货柜和平面货柜。使用半无盖货柜和平面货柜的顶部，通过卖场的演绎技术，使人联想到摆在餐桌上丰盛的样子或鲜嫩肉质的来源，增添商品的美味感。此外，精肉也非常适合在货柜内进行演绎。

●副菜、日配

副菜应演绎出新鲜出锅的感觉、色彩的明快和美味感。通过卖场演绎，让人联想到用锅做菜时热气腾腾的情景。对于米饭类商品，则可通过手写展板来突出手工制作感，营造出简单、质朴的氛围。

●食品杂货

食品杂货部门不仅可以展示意大利面的材料、各种菜单的调味料等细节，还可以演绎出丰富的饮食生活。红酒杯、红酒以及小菜组合，不单可以用作卖场演绎，还可以促进关联消费。

店内照明的技术

对于商品种类繁多的大型超市，既要有合适的亮度来保证店内各角落的照明，也要具备符合每件商品特点的灯光条件。

例如，可使用基础照明来保证店内平均亮度，需重点照明时则可使用聚光灯来突出生鲜食材的鲜嫩和诱人的色泽。通过点亮陈列器具和无盖货柜上方的墙面，也可使空间看起来更宽敞。

舒适的购物环境，在心理和生理上都可以积极地影响顾客。不仅如此，视觉要素还与购买行为紧密相连，可有效唤起顾客的购物冲动。

然而，对于那些长时间购物的顾客而言，为了不给他们造成压力，单纯提高卖场平均亮度是远远不够的。

● 食品的照明

有案例证明仅改变照明就可以提高销售额，减少生鲜食品的损耗。直观传递食品的新鲜度可以说是减少食品损耗的有效方法。照明的关键是保证每个卖场最合适的亮度及有效利用光、色。

● 光与色的搭配

顾客对店内的印象，深受内饰颜色、照明和质感的影响。因此，应考虑到这些因素的搭配，再决定照明方法和亮度。店铺的空间展示的关键就是找到合适的光色搭配。

光色搭配不当，不仅会影响商品本来的色彩，甚至还有可能让商品看起来“不成样子”。例如，对牛肉、金枪鱼、土豆等商品照白光会造成商品新鲜度差、美味感全无，看上去一副廉价商品的样子。

● 照明的要素

店内照明与演绎是同样重要的店内展示要素。如今的店铺，面积更大、更宽敞，天花板也比以前高了许多。单纯依靠基础照明是远远不够的，还应巧妙地利用射灯来给商品照明。

● 舒适的空间

展示重点商品时，巧妙地使用射灯营造氛围，可有效吸引顾客驻足。为了确保顾客能轻松、愉悦地在卖场走动，以上照明技术十分关键。

对于靠墙陈列的生鲜食品无盖货柜，应注意照明的位置。此时将照明灯对准墙面而不是货柜本身，确保墙面处光线微亮于他处的照明方法比较有效。

● 清洁感

干净的地面也与销售额有着密不可分的关系。干净舒适的购物环境，不会给顾客增添多余的烦恼，大大增加了长时间购物的可能性。其结果就是顾客滞留的时间变长，店铺销售额上涨的机会也相应地增大。

对于清洁感的印象，欧美和日本有着很大分歧。

在欧美，清洁是一项值得高度评价甚至嘉奖的工作，而在日本，员工们普遍认为清洁是一项被强制要求的工作。

尽管如此，若店铺里的每位员工都能像大型购物商场里身着彩色工作服的清扫人员一样，对维护清洁保持一份积极的态度，那么店铺和卖场的形象也自然而然可随之提升。

因此，有必要将维护清洁的工作进行明确定位，让员工们清楚地意识到清洁是店铺维护工作的一部分，它可以确保顾客安心购物。不仅如此，事实上对于员工自身而言，清洁且舒适的职场环境也是十分理想的，这份舒适还会反映到每一位员工待客接物的态度上。

明确规定店铺的基本状态，为了维持这种基本状态，制订清洁工作的指导书、备全清洁工具等十分重要。员工的休息区和后台也是一样。

有计划地变换店内展示

结合日本情人节、女儿节、樱花、新绿等季节特色，将店内展示的道具变更成以粉色和翠绿色为基调，开展主题促销活动。符合季节特色的店铺色彩应有计划地、定期切换。

除店铺整体的演绎活动外，各食品部门、各柜台积极利用天花板、墙壁等大幅度地、具体地演绎店铺形象也是提升顾客的购物忠诚度的方法之一。

然而，伴随着内外环境的变化，店铺环境和店铺理念也会发生变化。因此，店铺的魅力展示也必须有计划地变更。一方面，长时间使用的展示道具会老化或陈旧；另一方面，店内照明的光色搭配、亮度效果等也会随着时间的推移而弱化。

因此，以 5 年、7 年、10 年，以及 13～15 年为周期定期改变店内展示，是维持店铺魅力的前提条件。

果蔬卖场的演绎

图片 6-1　使用藤筐等容器，对土豆、胡萝卜等商品进行卖场演绎

图片 6-2　利用藤筐等容器，在柱子周围对沙拉食材——蔬菜进行卖场演绎

图片 6-3　佐料卖场中，利用货柜上方的墙壁进行卖场演绎

鲜鱼卖场的演绎

图片 6-4　位于鲜鱼货柜上方、使人联想到鱼的墙壁演绎

图片 6-5　灵活利用弯道的视线开阔的卖场

图片 6-6　设计了鱼的模型的柱子

精肉卖场的演绎

图片 6-7　设计了牛的形象的精肉卖场的墙壁

图片 6-8　使人联想到料理肉和加工肉的场景的精肉卖场

日配卖场的演绎

图片 6-9　位于饮料和酸奶等商品的货柜上方的卖场演绎

副菜卖场的演绎

图片 6-10　以食材和餐桌为亮点的副菜卖场的演绎

食品杂货卖场的演绎

图片 6-11　与制作沙拉的蔬菜相连的沙拉调料卖场的演绎

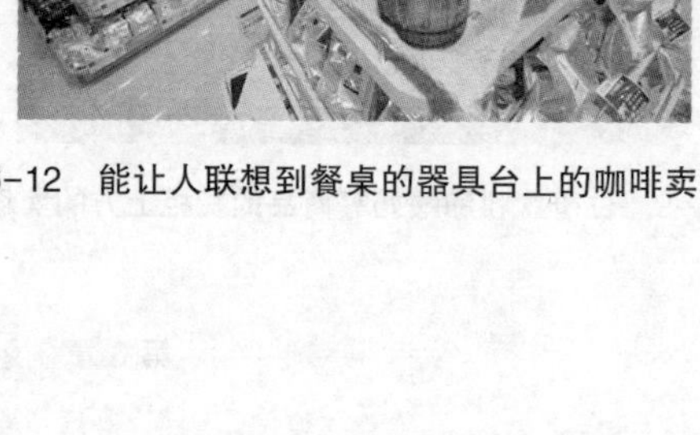

图片 6-12　能让人联想到餐桌的器具台上的咖啡卖场演绎

第 7 章

卖场之美陈

卖场改善的基本要点

陈列和展示，归根结底要求优先宣传商品价值。然而，过分依赖于负责人的个人审美、主旨把握错误、弄错操作顺序及方法等多种原因，都可能导致以上要求很难贯彻到位。

以下尝试通过 9 个实例来重新审视各部门的商品陈列及展示技术。

• 前进立体式陈列的基本规则（图片 7–1）

前进立体式陈列的基本规则是将商品补充到前排并将其正面朝向顾客。调整时，可通过统一商品的高度、将价格卡统一放置于商品正面的中央或左右任意一侧来进一步提高购物的便捷性。

• 竖长型商品也需亮出正脸（图片 7–2）

竖长形状的干面等商品，可通过在里侧放置陈列模型，或进行线式陈列，或对前方商品进行前进立体式处理。横躺姿势的商品不仅视认性差，也很难表现出丰满感。

• 端架侧面也要注意形象（图片 7–3）

端架侧面为了方便观看也需将商品正面朝向顾客。

• 注意袋装商品的包装（图片 7–4）

薯片等袋装商品常被平放于端架等位置。用手轻轻按压

图片 7-1　前进立体式陈列的基本规则

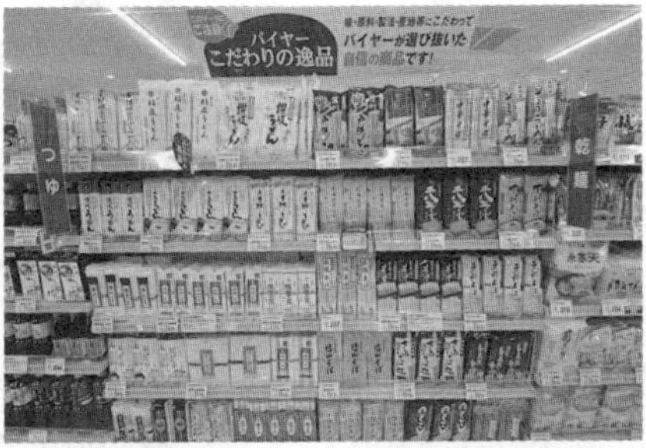

图片 7-2　竖长形状商品的排面提升

图片 7-3　端架侧面的排面提升

包装袋中央位置，袋的四角便会鼓起，此举可大大提高商品的新鲜感。

• POP 展示不可遮盖商品（图片 7-5）

POP 展示的要点有两条，一是不遮盖商品，二是方便拿取。在进行割箱陈列等大量陈列时，需选取不会遮挡商品的 POP 尺寸，并在商品后方或正前方进行展示。

图片 7-4　端架处的袋装商品的陈列

图片 7-5　易视度高的 POP 展示

• 统一 POP 的高度（图片 7-6）

连续摆放的 POP，一旦朝向和高度不统一，很容易给顾客留下杂乱的印象。统一 POP 朝向及高度可以营造出卖场的统一感。

• 无盖式货柜也可前进立体式陈列（图片 7-7）

前进立体式陈列的规则，同样适用于无盖式货柜。日配食品冷藏面等商品也需正面朝向顾客来进行前进立体式陈列。

图片 7-6　注意美观性的 POP 展示

图片 7-7　无盖货柜的前进立体式陈列

• 侧面朝向也需统一（图片 7-8）

考虑到商品的形状及卖场的情况，有时需要将商品朝向侧面进行陈列。此时也需将商品的正面统一朝向某一个方向，以营造整个卖场的统一感。

图片 7-8　统一商品朝向的排面管理

• 为 POP 动动脑筋

使用一些大小不一、色彩形状各异的 POP，也是提高视认率的方法之一。此外，展示的位置、方法也颇为关键。

各部门卖场改善的要点

商品陈列和展示的要点因部门而异。商场中既有鲜艳多彩的果蔬卖场，也有清一色包装裹身的食品杂货卖场。以下将根据对象商品的特性，尝试对各部门的卖场改善的要点进行说明。

❖果蔬卖场的改善

果蔬卖场改善的要点主要有以下 5 个方面。

● **新鲜度勤检查**

在新鲜度极其重要的果蔬部，有一点与其他部门大不相同，即许多商品没有消费期限等日期标记。换言之，“什么时间进的货、什么时间陈列的”“什么时间之前必须消费”等信息，全凭商品自身的新鲜度也就是味道来判断。

因此，当顾客拿起商品时，或发现其内侧有伤痕、或感到其变轻（水分蒸发、不新鲜）等诸如此类的事情是绝不允许的。

应事先在后台处对补货商品进行集中检查。对陈列进行修复与调整时，也需将商品拿至手中，一边触摸一边检查其新鲜度。

● 检查库存量（图片 7-9）

为了保证所供商品长期保持新鲜，准确把握陈列空间和陈列数量的关系极其重要，即不要提供过多商品。因此，尽管量少也能营造出丰满感的陈列模型就成了十分关键的道具。将后排商品补至前方时，把握陈列数量和销售数量也至关重要。

图片 7-9　分量感十足的水果展示

例如，利用平面展台展示商品时，可将陈列模型挪至前方，以保证量少时的丰满感。无盖式货柜则可通过将货架架板整体往上移动，将下段处的开口部扩大后再将模型挪至前方以保证量少时的丰满感。

● 理解蔬菜的通用性

蔬菜的消费量很大，家庭中的存货量也多。蔬菜有各式各样的用途、料理方法，在日本，可将蔬菜作为沙拉、炖菜、天妇罗的材料进行菜单推荐及关联陈列，以提高购买率。

• 方便顾客比较购买（图片 7–10）

同一品种商品集中展示时，清晰地陈列出产地、品质、SKU、价格等十分重要。清晰的陈列不仅有助于顾客比较购买，也可满足生活方式、取向多样化的顾客需求。

例如，夏天在销售应季水果西瓜时，既可整个陈列，也可适当增加少量切块商品的 SKU，打造一个便于顾客比较购买的卖场，以满足多样化需求。

图片 7–10　方便顾客比较购买的西瓜 SKU 展示

• 色彩管理

在商品色彩丰富的果蔬卖场，色彩管理最易执行。其效果因切块水果、蔬菜种类以及排面数而不同。

强化畅销商品的卖场

果蔬卖场的商品可粗略分为两类。一类是全年上市商品，一类是季节限定商品。对于重点商品，需在考虑顾客群的前提下，明确定位常规商品、季节商品、衍生商品，战略性地进行推销。

例如，切块水果和沙拉用的蔬菜虽属全年上市商品，但春季时消费量会增加。在销售额构成比增加时期，可将其陈列于更显著位置，并打造出卖场的丰满感，进行推销（图片7-11）。此外，对于全年上市商品香蕉及冬季重点商品橘子等，则可通过包括SKU在内的方法进行大量陈列，打造高视认性卖场（图片7-12）。在商品自身所蕴含的季节感的基础之上，利用筐、样品等来营造季节感也是十分有效的。

全面贯彻以季节为中心的关联陈列

对于家庭中使用频率和料理的通用性都很高的蔬菜而言，可积极有效地采用以季节为主题的关联陈列（图片7-13）。正值当季的主食材有助于营造出季节感。在与其他卖场密切合作之余，有计划地确保陈列场所即可。

此外，对于气温的变化也需及时把握，并迅速采取行动。尤其是切块水果、季节性商品的上市时期，要精确地抓住顾客产生“好想吃啊”的欲望的瞬间，同时迎合少量食用的需求，利用SKU来适时地开展卖场。

例如夏季的挂面、凉拌豆腐，冬季的火锅料理，全年可

图片 7-11　切好的蔬菜与切块水果的一体式展示

图片 7-12　分量感十足的 SKU 式香蕉卖场

图片 7-13　玉米、秋葵等夏季蔬菜的关联销售

用的佐料类蔬菜等都可集中于一处陈列（图片 7-14）。6 月则可将应季水果梅子、腌渍梅干用的调味料、健康饮料等商品进行关联陈列，营造健康感，招徕顾客。

图片 7-14　佐料类蔬菜的集中展示

用关联销售进行菜单推荐

许多为一日三餐的菜单而苦恼的顾客都是进店后才决定当天的菜单的。生活方式的改变带来购物时间的短缩，一眼望去，便能当机立断定下菜单的陈列方式十分有效。诸如咖喱、炖菜等家庭中多次登场的菜单，可通过关联陈列，让顾客一次性完成采购。对于精肉、鲜鱼等无法直接陈列于果蔬卖场的商品，可通过放置烹饪样品等，进行可视化处理以吸引顾客。

动线上配置关联商品

为了有效促进动线沿线购物，区域划分极其重要。果蔬卖场多被配置于入口附近，即顾客动线的起始线位置。为确保顾客可以短时间内买到果蔬卖场的推荐菜单中出现的材料，可将关联商品、调味料等配置于动线上。此外，在开阔的通道中设置视野良好的卖场也是要点之一。

水果保护网及使用方法

水果保护网是保护商品不受损坏的重要道具。然而，零乱无序地使用保护网不仅会遮盖商品正面，更容易给顾客留下杂乱的印象。有时甚至会损坏商品。如葡萄类商品可在商品单面套上保护网，使其正面朝向顾客（图片 7-15）。

图片 7-15　灵活利用保护网的水果裸露状态展示

果蔬的色彩管理技术（图表 7-1）

确保一定的排面是色彩管理中极其重要的一点。原则上同种颜色的排面应在 1m 以上。

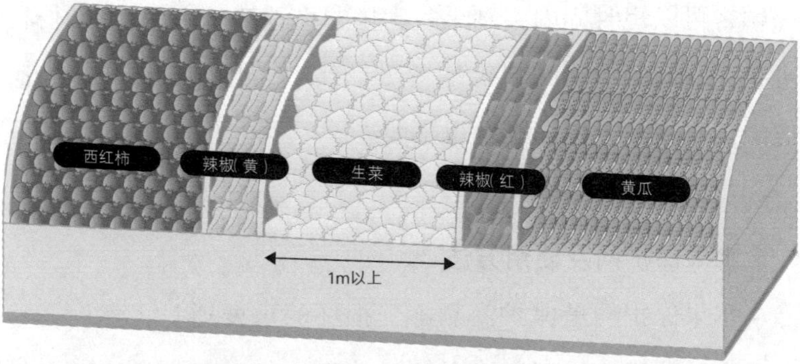

将排面宽和排面窄的商品垂直式交叉排列，进行色彩管理。对于排面宽的商品，可确保1m以上排面时，摆放单品。排面在50cm以下时，可使用同色商品组合陈列出1m以上排面。对于排面窄的商品，可如图中辣椒一般，使用色彩间隔。成片绿色中夹杂红、黄陈列，可突出新鲜度。

图表 7-1　果蔬的色彩管理

可确保单品达到 1m 以上的排面自然很好，有时由于商品尺寸、到货、存货、数量等原因无法确保单品达到足够排面时，则需通过两三种同色商品堆砌成 1m 以上的色彩群。为了有效地呈现商品的形状和颜色，良好的排面至关重要，因此水果保护网的使用也需注意。

尽可能统一商品的朝向，致力于打造一个简明的、周到的、美好的卖场。

促销活动中的区域化

果蔬的区域化可通过多种方式展开。常规陈列外，还可考虑季节商品、节日活动、高质商品、菜单推荐、折扣优惠、统一降价等各式各样的促销企划。任何一项都必须紧扣主题进行展示，其中销售期间较长的商品，还需推陈出新以避免顾客出现审美疲劳。

例如全年消费量较多、对糖度需要较高的西红柿，可尝试变换分量或通过托盘、袋装等丰富的 SKU 来实现区域化陈列（图片 7-16）。在本地蔬菜柜台，还可通过载有生产者信息的 POP 来宣传商品的安全性及地域性特征（图片 7-17）。

图片 7-16　大面积使用 SKU 的西红柿卖场

图片 7-17　展示生产者信息的本地蔬菜柜台

❖精肉、鲜鱼卖场的改善

精肉和鲜鱼卖场的改善，主要有以下 6 点。

● **严格执行温度管理**

这是一个温度管理极其重要的卖场。陈列时需留意是否会超过多层冷藏柜、平面冷藏柜的载重线，是否会堵塞吸入口等。部分冷藏柜会因照明导致温度上升，进而引起品质劣化、褪色等。

● **注意需冷藏商品**

有时火腿、香肠、腌制品等加工食品会通过突出式陈列摆放于冷藏柜外，但原则上需冷藏的商品是不进行突出式陈列的。

● **注意陈列和装盘**

精肉和鲜鱼多用托盘提供，因此商品的装盘也不容忽视。确保装盘商品与托盘之间空隙均匀，统一肉类在托盘内的尺寸和形状，能够充分营造出美味感和丰满感。

此外，盒装陈列时，注意盒内所盛商品勿过满，同时需确保托盘横纵方向对齐。如此一来，顾客购买后也可保持卖场整齐（图片 7-18）。

● **多样化配置**

精肉类商品的配置方式多种多样。除了牛肉、猪肉、鸡肉等按品种类别配置外，菜单统括式配置，以及烤肉类、火锅料理类、生食类等简便型配置也占据着重要的位置。鲜鱼

图片 7-18　托盘横纵摆放整齐的精肉卖场

类商品，在圆形盛器两侧配置带包装的商品，很容易畅销。例如，将圆形盛器放置于中央或内侧、再于两侧摆上托盘包装的商品，便可同时满足步履匆忙以及需求量小的顾客（图表 7-2）。

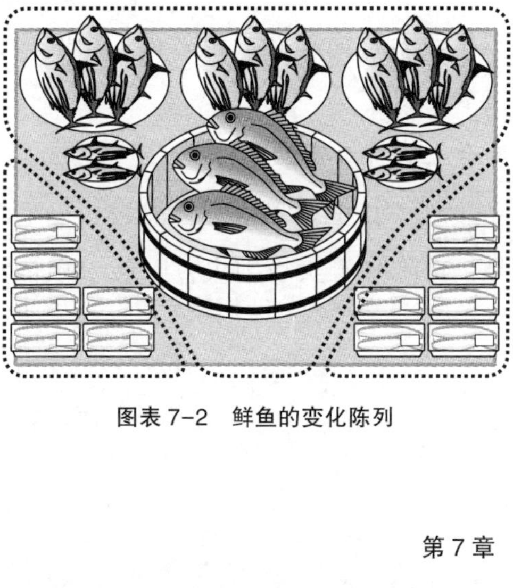

图表 7-2　鲜鱼的变化陈列

● 关联销售的展示方法

与推荐菜单中的调味料等商品联系起来，进行关联销售的案例日益增多。使用宽度为20cm左右的延伸板时，无论是多层陈列柜还是平面展台，均应每4尺设置1个为宜。

● 裸式陈列等陈列方式下的清洁维护

对于精肉类商品中的烤肉自选和烤牛肉切片等生食、圆形盛器中进行裸式陈列的鲜鱼类商品，以及烤鱼煮鱼等鱼类副菜等商品，保持保鲜柜、容器的清洁极其重要。同时也需时刻关注此类商品的气味。

● 高单价商品与星期管理

陈列高单价商品时，需有意识地与相邻商品保持一定的空间，营造出美味感以提高视认性。此外，按星期、时间段相应地调整陈列数量也颇为关键。

● 平面展台的POP展示

布置卖场时，注意平面展台的POP与商品之间大约相隔10cm。距离过窄既有损清洁感，也会丧失空间感、新鲜度以及丰满感（图表7-3）。

● 平面展台上的特卖商品陈列

卖场商品数量一减少，销路即会滞缓。在平面展台处销售的特卖商品，可陈列于卖场中央，以便于顾客发现（图表7-4）。

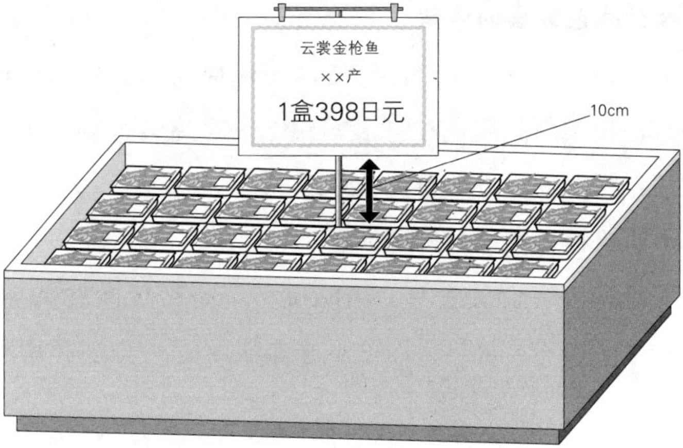

图表 7-3　鲜鱼平面展台处的 POP 展示

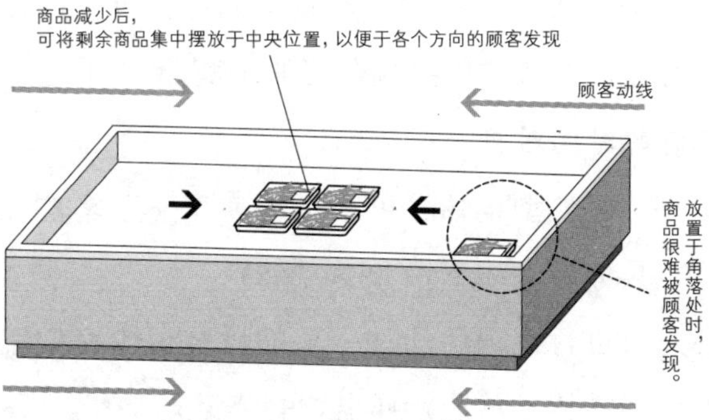

图表 7-4　鲜鱼特卖商品的陈列

❖副菜卖场的改善

改善副菜卖场，主要有以下 6 个要点。

● **注意包装盒的清洁**

对于炖菜等汤菜类商品，要注意避免汤汁沾到容器形成脏污。沙拉类商品则需注意装盘量。一旦盛装过满，极易造成盒盖黏附调料，进而有损新鲜感。

● **明确标记微波炉使用信息**

对于米饭等盒装食品，需明确标记是否可微波炉加热。便利店理所当然可加热，而大型超市关于这一点还是模棱两可的。

● **色彩管理技术**

油炸食品、肉类副菜等，因色调以棕色系为主，极易沦为视觉感薄弱的卖场。对于该类盒装商品，可考虑在油炸商品中搭配绿色沙拉等，以达到色彩的平衡。

● **零售的时间对应**

自助型、零售型销售，可根据顾客量、顾客群、时间段变更卖场，具体做法如下。(图表 7–5)

· 休息日进行促销活动时…全部盘装销售（安排店员立于旁，面对面销售。营造新鲜出炉的感觉)。

· 顾客数为平均水平时…里侧盒装、前侧盘装（视具体时间决定是否需要安排促销员)。

· 顾客量少时…里侧盘装、前侧盒装（周转率低，盘装的效果展示有限)。

· 傍晚至关门前…全部盒装销售（傍晚至关门前，步履匆忙的顾客居多)。

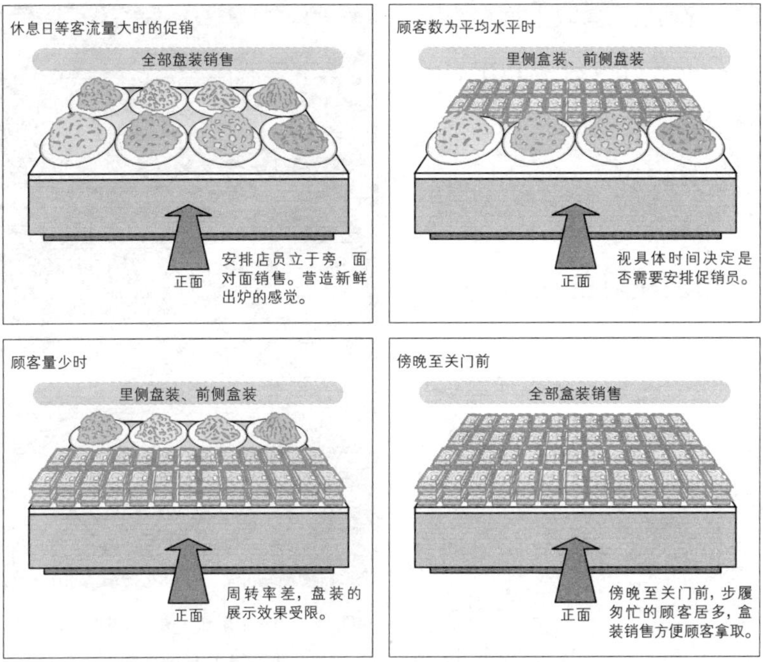

图表 7-5　不同时间段下的零售和自助陈列方法

• 注意零售时的清洁

对炸薯饼等油炸类食品进行裸式陈列时，要注意避免其面衣掉落至盛放器具。可用抹布频繁擦拭器具以保证其清洁。

此外，还需准备 V 形夹、橡皮圈、食品包装盒（大、中、小）、盛放垃圾的器具，并检查以上备用品是否被油、汁、调料等弄脏。

• 保证 POP 的质量

展示 POP 时，需注意陈列不当会阻碍顾客视线，导致其无法看到或拿取上面货架的商品。此外，统一 POP 的质量及设计，也方便顾客选购(图片 7-19)。

图片 7-19　用统一的 POP 宣传的油炸食品自助卖场

❖日配卖场的改善

日配商品包罗万象。从主食、副食到甜品，多为上桌频率较高的商品群。

此外，诸如豆腐这般在不同的季节有不同的用途的商品也很多。商品包装也是五花八门，遍布瓶装、罐装、袋装等。消费期限也长短不一，短的只有一天，长的可达半年之久。

● 隐藏背板的陈列

常规卖场在开店及高峰期时，需维持一定的陈列量以确保背板被完全隐藏。商品里侧的背板一旦显露，商品则显得十分单薄。

● 营造变化、季节感、美味感

多层陈列柜上商品井然有序地排列着。此时只需将其中一层架板抽离，加入部分变化即可给卖场带来视觉改观，成功营造出美味的印象（图片 7-20、7-21）。

图片 7-20　丰富商品种类以宣传季节感的甜酒卖场

图片 7-21　借力冷藏饮料营造美味感的甜品卖场

• 冷藏食品严禁突出式陈列

通常传单特卖商品需要在常规卖场进行突出式大量陈列。此时需注意，按照商品品质管理要求，需冷藏食品切勿进行突出式陈列。

• 用模型进行前进式陈列 & 库存管理

将煮熟的豆子等扁平的袋状商品进行前进立体式陈列时，在使用模型进行库存管理的同时，还需保证商品正面朝向顾客且始终处于站立状态。此外，对于魔芋等非冷藏商品，可强化平放陈列和关联销售。与此同时，还应注意日期管理。

• 陈列时需保证吸气口畅通

日配中，耐存度较低的商品较多。因此严格贯彻商品管理极其重要。在补货、调整和修复卖场时，既要对陈列柜进行温度管理，也需勤检查商品的日期等。同时还需注意位于冷藏柜最下段的冷气吸入口。一旦吸入口被商品堵塞，便会导致吸气效果变差，制冷能力降低。此外，日配商品中的豆腐、腌制品等含水分的商品很多，要注意保持清洁，防止水滴掉落至盛放器具。

• 非冷藏食品的平面展台、关联销售

日配商品中，诸如魔芋、煮熟的豆子、果汁系饮料等非冷藏商品也很多。此类商品需强化其在平面展台的吸引力以及与其他生鲜食品的关联销售。

❖食品杂货卖场的改善

食品杂货卖场的特征在于所涉商品项目之庞大，形状、包装、尺寸种类之繁多。

饮料的包装有塑料瓶、罐、瓶等，尺寸从 180mL 的小容量到 2L 的大容量应有尽有。因此，根据不同商品的特性进行陈列十分重要。(图表 7–6)

● 关联销售不可妨碍购物

食品杂货商品多通过关联陈列进行销售，除陈列于常规卖场之外，也常陈列于果蔬、精肉等卖场。此时，重要的是要明确关联卖场的维护负责人员、有计划地与关联卖场开展相关作业。此外，关联销售的商品多如突出式陈列般，使用向通道突出的陈列柜进行陈列，此时务必确保通道畅通，避免陈列柜妨碍顾客购物。

● 检查瓶、罐是否老化

在卖场进行货物调整及补充时，需及时发现并撤去由于不慎掉落等原因导致气体产生，进而出现膨胀现象的瓶装、罐装商品。膨胀商品，不仅可通过形状进行判断，还可以通过敲击商品本体或盖子等发现其状态。敲击劣化商品时所发出的声音相比一般正常商品，略显低沉。

● 通过变化陈列提高视认性

导入部分变化陈列，可提高常规卖场的商品视认性。通过创造视觉变化以获取顾客关注，提高停留率。例如，可在

每天至少检查一次所有商品的排面。
商品陈列量是否低于最低要求。
是否有连续两天以上缺货的商品。
摆货时，是否进行商品检查。
每张价格卡、POP等是否摆放至正确位置、标价是否正确。
隔板、挡板是否使用正确。
贡多拉最上段商品的摆放高度是否便于顾客拿取。
摆货、订货作业时是否充分保证顾客动线。
周转快的贡多拉端架、平面展台是否有特卖计划。计划是否在实施。
各类商品是否都制订了促销计划。
是否有根据端架、平面展台配置相应尺寸的POP。
POP上是否有促销的相关字眼。
是否及时撤去褪色的价格卡、POP，以及破损的POP。（容易给顾客留下商品陈旧的印象）
是否针对重点商品、衍生商品配置宣传商品价值的展板、POP。
是否将销售额、毛利润高的商品陈列至中、下段；是否结合商品周转率调整排面。
各端架、平面展台的陈列是否千篇一律；是否按照计划开展活动。
面包、点心是否在销售期限内。
农产、海产干货中是否有变质、膨胀商品。
干面、热门菜单的调味料等季节商品，是否在春秋季进行卖场变更。
突出陈列时，是否优先于购物动线、作业动线。
带动漫角色的点心，带玩具的点心等人气商品是否有断货、少货。此外，是否进行整理、整顿。
是否努力提高商品知识。
是否定期对冷冻柜进行温度检查（开店、关店时）。
是否明确区分一般商品与退货商品、破损商品；是否规范化处理。
是否重视效率，对各种规模的后台进行整理以方便寻找、拿取。
陈列特卖商品时，是否将所有同一库存品一起陈列。

图表 7–6　食品杂货部门的卖场检查一览表

贡多拉货架的中段位置线式陈列罐装商品，在最下段杂式陈列小型瓶装商品。

● **玩具、点心类需按儿童视线陈列**

为了有效获取顾客关注，需将商品陈列于易见位置。设置一个顾客视线易集中、商品易拿取的高度至关重要。例如，在玩具和点心卖场，视线及商品高度的设定就是重点。可降低贡多拉货架，同时压低板架前段高度，以方便儿童观看、拿取商品（图片 7-22）。

图片 7-22　结合儿童视线展开的玩具、点心卖场

● **端架的主角商品需确保排面**

意图在端架处推销的商品，务必充分保证其排面。可通过搭配配角商品来提高购买率。陈列时务必制订开展计划，切勿混入因订购失误而产生的剩余商品、库存商品等。

第 8 章

POP——最佳推销员

基础篇
与购买相匹配的 POP 是……？

❖传递正确的信息

POP 广告的问题多起因于作业指示书及卖场开展计划书的不完备。在充分考虑销售计划及操作方案、卖场开展计划的基础上实施 POP 广告，才能形成一套完备的销售系统。因此，POP 广告必须有计划地精心打造。

此外，POP 的内容必须以遵守法令、符合标记规则为前提。总公司统一配给的 POP 自不必说，各店自行设计的手写 POP 尤其需要注意。

2013 年公布的《食品标记法》综合了食品卫生法、JAS 法、健康促进法等 3 部与食品标记相关的法律。该法明令禁止为了提高销售额而标记歪曲事实、违反事实的内容。

❖POP 的两大功效

POP 有两大功效。一是吸引顾客，二是促使购买。此两点都与顾客的购买行为密切相关。主导“观看”“购买”行为的 POP，堪称卖场“最佳销售员”。

图表 8-1 所展示的是顾客各阶段的购买行为和与之相应的 POP 的功效。购买行为分为“观看”“购买”两个阶段，不同阶段其 POP 功效跟种类也是不同的。

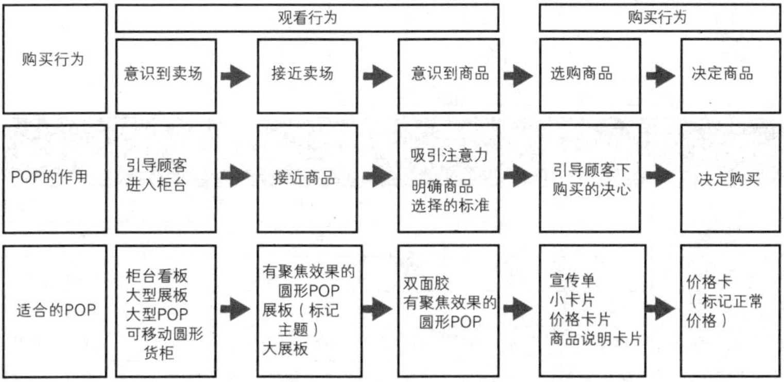

图表 8-1　购买行为与 POP 的功效

此外，从销售数据来看，购买时 POP 所发挥的功效也一目了然。

图表 8-2 展示了有无 POP 对主要加工食品 PI 值的影响 (Purchase Index，每 100 名顾客的购买数 = 购买数÷收银台通过顾客数×100)。饮料及罐头的 PI 值，POP 展出前每台 1 点，展出后飙升至每台 8~9 点。啤酒类也几乎同等效果。

❖匹配购物行为的对策

要有效利用 POP，了解顾客的购买行为并相应地采取对

	展示前			展示后		合计
	星期三	星期四	星期五	星期六	星期日	
软饮A	11	9	7	79	105	211
软饮B	7	11	16	78	116	228
水果罐头A	1	2	3	11	19	36
水果罐头B	3	0	3	23	26	55
水果罐头C	2	1	1	8	15	27
总分数	24	23	30	199	281	557
顾客数量	1866	1860	1903	2415	2834	10878
PI值	1.29	1.24	1.58	8.24	9.92	5.12

	展示前						展示后						合计
	星期四	星期五	星期六	星期日	星期一	星期二	星期三	星期四	星期五	星期六	星期日	星期一	
啤酒A	11	18	26	35	9	6	32	40	58	81	110	34	460
啤酒B	5	3	7	10	1	2	6	8	13	21	22	10	108
啤酒C	15	17	39	41	13	9	25	33	41	54	81	19	387
啤酒D	2	6	6	10	1	3	5	6	8	8	11	4	70
总分数	33	44	78	96	24	20	68	87	120	164	224	67	1025
顾客数量	1564	1633	2019	2534	1362	1403	1772	1660	1688	1995	2689	1241	21560
PI值	2.11	2.69	3.86	3.79	1.76	1.43	3.84	5.24	7.11	8.22	8.33	5.40	4.75

图表 8-2　POP展示前后的PI值变化

策十分重要。

● 观看行为

据说，对于人类，约 80% 的信息都是通过眼睛获取的。因此，要想在无意识观看商品的顾客眼中留下深刻的印象，所展出的 POP 必须具备足够的冲击力。

与观看行为相匹配的 POP 必须从以下这些点出发，来吸引来店顾客的注意：愉悦性、趣味性、舒适性、信息性、意外性、流行性、新颖性等。

●购买行为

来店的顾客中，有人会一边在脑海中勾勒菜单，一边有意识地观看商品。针对这样的顾客群，POP 就发挥着激起购买欲望、最终引导顾客决定购买的作用。多数情况下，当顾客决定要购买某件商品时，他便会在卖场前驻足。

因此在顾客决定购买之前，POP 被要求能够为其提供价格、品质、等级、购买的有利性、料理方法、其他疑问的解决方法、有效的建议等信息。

●思考行为

与其他店、其他的机会相比该件商品的价格是否合理，商品本身是否实惠，是否必要，是否可口等。顾客在结账（下决定）之前会多方思考，各种苦恼。能在这样的顾客背后推一把，促成最终的购买行为也是 POP 的职责所在。

■多层货柜

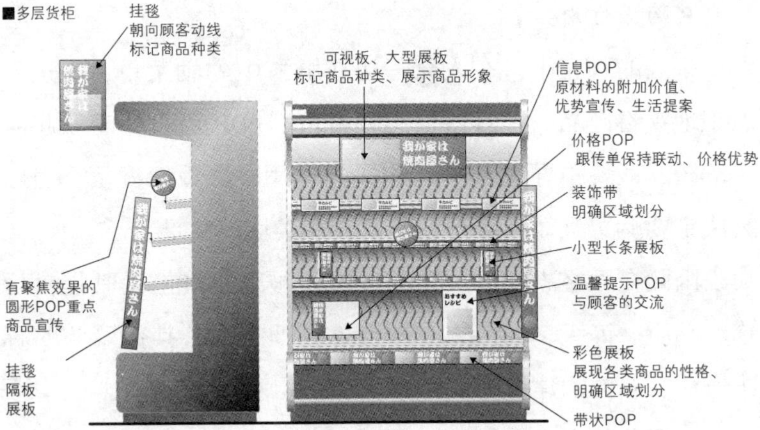

■平面无盖货柜

POP立架

・与顾客动线成直角状展示POP。
・在同一货柜内展示两张以上POP时，需统一各POP立架的高度。
・货柜前后有购物通道时，需使用两张POP背靠背展示，以确保前后方通过的顾客都可看到。

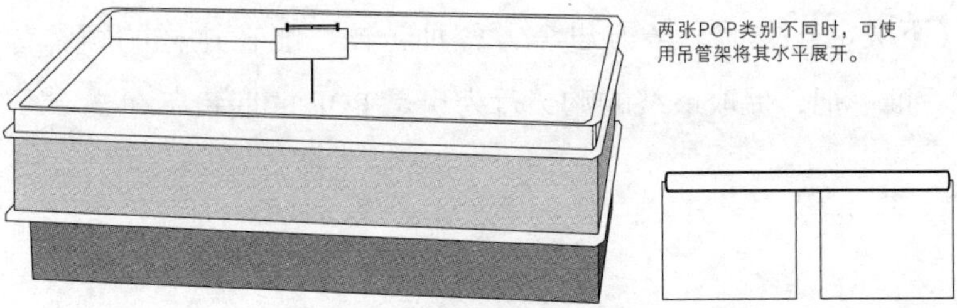

图表 8-3　卖场的 POP 工具

制作篇
POP 的制作方法及展示规则

制作、展示 POP 时，规则是必要的。若各店铺及部门各自为政随意制作与展示 POP，不仅会使 POP 本身难以入目，更有损卖场的统一感。POP 的功效在于“最大限度地表现商品的价值”，以及“让购物变得更加简单”。

因此，POP 设计的统一性、展示方法的规则化十分重要。制作时，应定好 POP 的尺寸、文字的字体等标准，对于展示方法也需将展示高度、POP 固定方法等规则化。使用总公司的电脑统一制作的 POP 千篇一律、略显枯燥，根据需要有时可加入负责人寄语等个性化内容，此时手写 POP 的价值便得到了发挥。只是，为了避免手写 POP 过度个性化，最低限度的规则化还是需要的。

❖POP 的制作及展示要点

①规定 POP 的尺寸

首先是商品以及 POP 尺寸的选定。不要忘了，单凭 POP 的尺寸就足以改变顾客的视认性、购买欲望。为了选定尺寸，有必要明确以下几点：

·陈列的场所（通过率、招徕顾客的主题、陈列商品的丰满度）

·商品的排面数

·商品的大小

②统一文字大小

制作 POP 时，有必要事先统一用纸的规格、制作的规则。

尤其是手写 POP 时，应按照商品名称、售价等项目，分别制定标准。文字的粗细大小不统一不仅难以辨认，更不会给人留下很好的印象。

③统一用色

丰富多彩自然重要，但滥用色彩也可能导致卖场失去协调性，进而破坏 POP 内容的易读性以及卖场的统一感。

归根结底，主角是商品，不是 POP。理想的 POP 需要发挥的是完美的衬托作用。

④统一标题

要通过传单广告、店内促销展示出店铺的统一感，最好设定统一的标题。在企划“××节”“××展销会”“××市”等时，不仅需要将统一的标题通过传单广告来宣传，也需要通过 POP 来招徕顾客。

⑤加入评语

POP 最大的功效是宣传商品的销售亮点。将以往的经验和信息，以及通过试吃体验到的商品价值等用简单明了的语言表达出来。此外，给出具体的吃法及使用方法等方面的建议也是不错的选择。

⑥加入常规售价

POP 的功效之一是通过价格来招徕顾客。在销售特卖商品时，务必要标记出其常规价格。没有常规价格的对比，顾客无从判断特卖时的价格优势，或质疑“真的便宜了吗”，或疑惑“究竟便宜了多少呢”。

⑦实施覆膜加工

为确保礼品商品的 POP、易沾水型 POP 保持良好状态，可对其进行覆膜加工。虽然会额外产生制作费用，但其必要性也是显而易见的——覆膜加工后既可保证长期使用，也可避免商品形象受到损害。

⑧可简单替换

随着商品陈列量的变化以及销售时间的推移，商品的移动变得越来越频繁。因此，POP 的替换也需简捷化。此时可有效利用 POP 盒、可反复张贴的胶带等。

⑨确定安装规则

对每家企业、每个商场的 POP 展示方法进行统一规定——“平面展台使用 POP 立架”“端架使用 POP 盒”等。若卖场各自为政随意进行展示，很有可能会让顾客对卖场留下杂乱无章的印象。

⑩确定展示位置

找不到 POP 所展示的商品、价格卡片管理不到位导致商品价格不明等问题在卖场时有发生。为避免顾客拿错商品、不知所措，在规定的位置展示 POP 十分必要。

⑪不在商品上张贴

POP 绝不可张贴在商品上。因为该行为会招致包装的破损、商品价值的下降。在凹凸不平的商品上张贴胶带时，POP 也极易剥落。

⑫不在制作上浪费时间

除去特殊情况，一般制作一张手写 POP 所需要的时间大约是 1~2 分钟。理想状态是在这 1~2 分钟内，设计出精练的、美观的，同时包括巧妙的评语的 POP。过度执着于 POP 的精美而花费大量时间的行为是不可取的。

此外，不拘泥于特定的某个人，而是面向所有人培养 POP 制作技能。可在企业及商场内开设 POP 教室。

⑬规定位置摆放工具

对于文具、卡片盒、POP 立架等 POP 制作及展示工具，需在规定位置进行管理，以确保需要时可迅速获得。负责人需定期对工具进行确认。也可准备 POP 制作专用桌。

⑭设定专门的 POP 保管场所

定期使用的 POP 需分类收纳到专门的盒子进行保管。对于那些一年只用一次的 POP，可在其背面等位置记录下销售期间、销售业绩等以备用。

为取得顾客满意以及达成销售额预算，制订开展（陈列）计划，确定促销理念、宣传的方向、各商品的定位、主题以及展开位置、期间。

↓

决定POP的种类、尺寸

↓

决定使用的颜色、文字的尺寸

↓

决定评语

↓

加入商品价格、分量等相关信息

↓

按照店内统一规定张贴POP

↓

道具需放置于固定位置进行管理

↓

POP需收纳至保管地

↓

检验POP制作的效率、效果，为下次活动的开展提供经验

图表 8-4　POP 的制作方法及检验

明确目标

需明确"信息针对的人群是谁？"即主题、饮食场景。

提高视认率

重视宣传标语。
各POP的内容和文字量的设定需张弛有度。
最想传递的信息需一目了然、简洁明快。

商品才是主角

切勿遮盖商品的正面。
选择适量商品进行POP展示，切勿贪心。
注意POP的尺寸、张贴位置。

提供商品价值的相关信息

切勿把商品价值看得理所当然，需适当提供"可提高商品价值的信息"
"用过才知道的内容""具体的用途及有用信息""保存方法"等商品价值信息。

提供流行信息

很快可用到的信息和可有效提高兴趣、关心、共鸣的内容比较理想。
与季节、活动相匹配的内容易激起顾客的兴趣。

图表 8-5　POP 制作的技巧

❖以价值为销售亮点的 POP 制作方法

以价值为销售亮点的 POP，必须具备让顾客重新审视商品的价值、引起其购买行为的能力。

此外，卖方倾注在商品里的精益求精的心意、体贴也必须得到充分的体现，否则，商品的价值就很难被完整地传递出来。

因此，在举办试吃、试饮的基础上，还应该将味道、可口度、生产状况等产品信息，以及促销员和商场自己的评语、主张、信息等都呈现出来。表达可口度时，避免使用“好吃”等模糊暧昧的辞藻，将可口之处具体传达出来十分重要(图表 8-6)。此外，能够让顾客感受到亲切、友好的原创性很高的 POP 也是不错的选择。

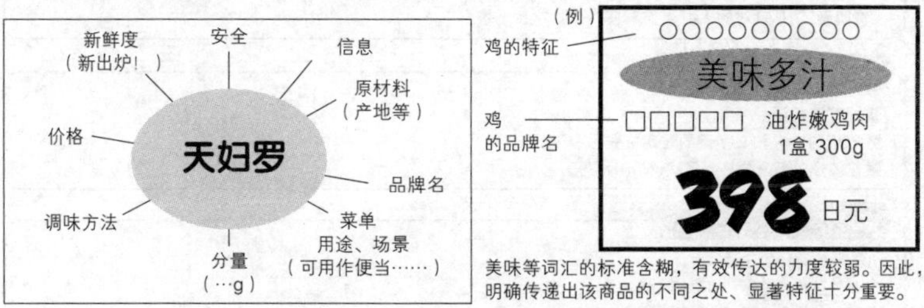

图表 8-6　价值宣传型 POP 的条件

Q & A 型 POP 则应灵活利用顾客真实的声音、料理杂志/节目的信息、厂家的建议等各种各样的信息。分成食用场景、料理场景、使用场景，针对不同场景下顾客的苦恼以及疑问，使用 POP 提出解决方案及建议。

在贡多拉货架、端架的中/上段展示 POP 时，要尤其注意 POP 的尺寸以确保商品不被大量文字遮盖。在无盖式货柜的最下段、平面货柜、端架的最下段等大量销售型商品的摆放空间处展示 POP 时，也可用 B5 或 A4 大小的大型 POP。组合使用“?”“Q & A”等通用符号，可以有效地传递店铺努力回应顾客疑问的姿态。

设置篇
立足于展示位置的 POP 选择

充分考虑商品特性、陈列场所之后，确定 POP 展示的位置。

图表 8-7 所展示的是贡多拉货架不同高度下所适合的 POP。

商品陈列位置是以商品特性为基础，综合考虑商品周转率、卖场效率、易购性等因素之后确定下来的。结合所处位置选择 POP 的设计、设置场所，是关系到能否最大限度地发挥 POP 功效的关键。

此外，菜单推荐中所涉及的关联商品的 POP 展示位置也很重要。

进行菜单推荐时，多数是将生鲜食品通过传单主力宣传，再通过平面货柜大量陈列。因此相关部门需事先跟生鲜部门主管确认传单上出现的生鲜食品的陈列位置，然后在其相邻或者相近的贡多拉货架等位置陈列关联商品。此时展示的 POP 需统一设计，能够让人一眼辨认出该商品为菜单推荐的关联商品即可。

据说在大型超市购物的顾客多在购物行程到一半左右时

高度（cm）	区域	特征	相宜商品	相宜POP
220–180	氛围区	该区域不适合商品销售。作为陈列区则效果显著	–	展板、大型展板、柜台标记板、大型POP、粘贴于地面的POP、倾斜式POP、悬挂式POP
180–160	存货区	相比查看区，不易引人注目	低频率商品、季节外商品、礼品	
160–140	查看区	顾客可边走边观看	衍生商品、新商品	
140–110	黄金区	可见度高	主力商品、重点商品、季节商品	
110–90	白银区	可见度仅次于黄金区	同上	
90–10	打折区、大量陈列区、儿童区	使用突出式贡多拉货架时，可见度最高	价格主导商品、畅销商品	
10–0	清洁区	新版本POP的展示位置	–	

图表 8–7　POP的展示位置与相宜的POP

决定购买的菜单。我们在选定卖场、POP 时也应该考虑到顾客的此种购买行为的特点。

无论何种方式，其效果好坏高低都必须接受反复验证。

POP 一旦千篇一律，其效果便会连同商品一起大打折扣。同商品结构一样，POP 结构也应以几年为一循环进行重新讨论。

此外还有一点，理解起来很简单——摆放同样大小的 POP 很容易降低视认率。因此可每 5 张或每 10 张放置一张 2~4 倍大小的 POP，或通过横向、竖向变化摆放来提高视认率。

实践篇
POP的6大种类

POP根据所传达内容可大致分为6种。分别为：价格、限定销售、新商品、味道、健康/安心、特卖预告（图表8-8）。各自的特征总结如下。

• 价格

在传单宣传商品上展示的POP。明确地向顾客传达该商品为传单广告的对象商品。也有通过EDLP（Every、Day、Low、Price，每日低价）来吸引顾客的POP。

• 限定销售

店内促销用的POP。明确标记特卖品的剩余数量、销售数量、促销时间等信息以唤起顾客的购买欲望。此外，还可提高商场的销售信心，有效改善特卖商品的进货准确度。

• 新商品

通过宣传新商品、新开发商品以唤起顾客的购买欲望。商场需让员工充分理解新商品导入的重要性，积极地宣传包括生鲜、日配、副菜在内的新商品。

• 味道

该POP旨在提供材料、原料、产地、制作方法、品牌等

主题	种类	设计	用途
价格优惠	广告商品		可明确向顾客传达传单广告商品。
	限定销售		店内促销用的POP。通过明确标记销售期间、销售数量不仅可提高商场侧售罄之士气，也可有效改善特卖商品的进货准确度。
新商品信息	新商品		目的在于向顾客明确传达新商品、新开发商品、新引进商品等。可加深员工对新商品引进、商品开发重要性的理解。也可积极应用于生鲜、日配、副菜等。
美味	发现佳品		将材料或原料、产地、制造方法、品牌、反复斟酌打造出的美味等信息有效地传递给顾客。仅限于对商品特性有充分理解、可自信推荐的对象进行展示。
健康、安心	发现健康		将材料或原料、原产地、制造方法、品牌等信息通过健康、安全/安心等关键词，仔细斟酌后有效地传递给顾客。
预告特卖的信息	特卖预告		可在销售前一天将特卖信息的POP张贴至传单商品陈列处。用手动贴标机张贴价格标记。

图表 8-8 POP的6大种类（含示例）

信息，以助于企业、商场有效地推销商品的美味。仅限于对商品特性有充分理解、可自信推荐的对象进行展示。

●健康、安心

该 POP 旨在提供材料、原料、产地、制作方法、品牌等信息，以助于企业、商场有效地推销商品的健康、安心。仅限于对商品特性有充分理解、可自信推荐的对象进行展示。

●特卖预告

传单宣传商品中，在销售前一天发出的商品预告 POP。

此外，还包括畅销商品及人气商品排行榜的 POP、特殊商品的 POP、紧急降价/紧急到货的 POP、只在本店销售的 POP 等。无论何种 POP，其目的只有一个——简洁明快地向顾客传达出便宜实惠的信息。

统筹卖场的 POP

图片 8-1　展示生产者信息的本地蔬菜卖场 POP

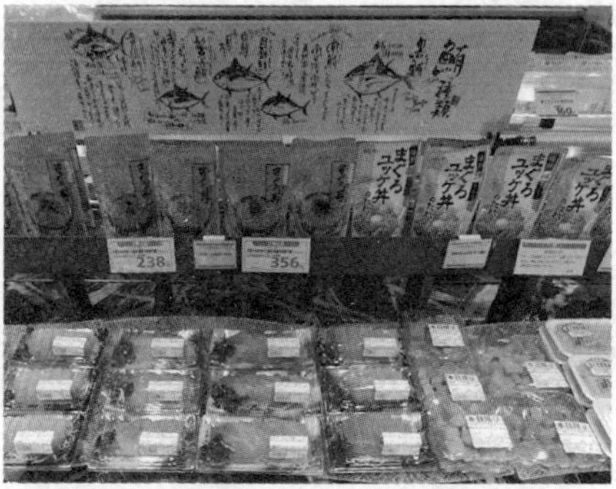

图片 8-2　进行种类说明的金枪鱼卖场 POP

图片 8-3　展示推荐商品的端架 POP

统筹卖场的 POP

图片 8-4　贡多拉货架上的挂式 POP

图片 8-5　展示产地信息的红茶卖场 POP

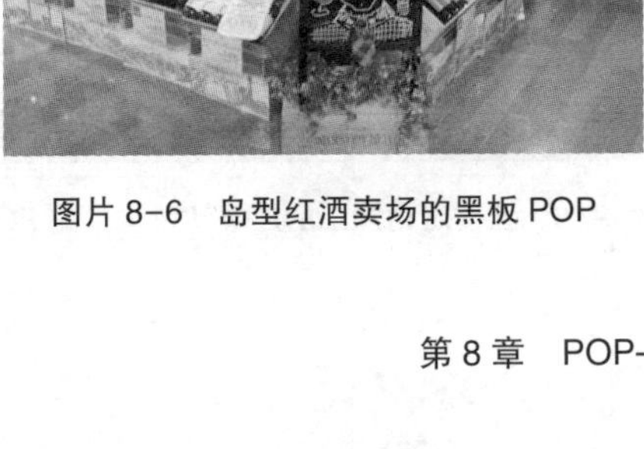

图片 8-6　岛型红酒卖场的黑板 POP

以商品价值为亮点进行宣传的 POP

图片 8-7　宣传推荐商品的

美味感的 POP

图片 8-8　宣传原材料新鲜感的

副菜 POP

图片 8-9　宣传店内加工的应季切块水果的 POP

图片 8-10　宣传牛肉部位的稀有性及美味感的 POP

图片 8-11　宣传商品健康原材料的 POP

图片 8-12　卖场中穿插展板、架式 POP，宣传罕见糖的商品价值

图片 8-13　活动、纪念日时可使用手写 POP 以引起共鸣

图片 8-14　利用最下段进行价格宣传的统一感十足的 POP

图片 8-15　通道中央高高挂起的以商品价格为亮点进行宣传的 POP

后 记

每个人、每件商品，甚至每家店铺，都拥有自己独特的个性。其中，店铺年龄、数字的推移更受到周围环境的左右，随着环境的变化而变化。当然，顾客群体本身也在不断发生变化。店长、员工的思维方式及技术水平也会左右整体趋势的变化。

迄今为止，我也做了不少新店铺、改造店铺的咨询工作。然而，每当我尝试将商品结构、店铺陈列“模式化”时，总会遇到阻碍，无法顺利展开。区域、店铺不同，顾客的购买行为、细小的嗜好等也会随之变化。“模式化”之所以行不通，大概就是因为没有及时地、准确地把握上述变化吧。或许是时候改变总公司的“一刀切”方针了。

更加令人遗憾的是，许多店铺陈列的决策者对店内营销（ISM）理解不到位。例如，某些柜台、商品，陈列、展示技巧高超且出色，却被置于通过率极差的位置导致购买率不到通过率高位置的一半。事实上，视认率的高低也会导致同样结果。以上这种忽略通过率、视认率的案例在卖场中屡见不鲜。

主角归根结底必须是商品。每一件商品都有自己的“脸面”。“脸面”必须得让顾客看到、注意到，不仅如此，还得吸引顾客将其拿起、带走，否则销售目标的实现便是天方夜谭。

当下，变化陈列开展得如火如荼。各种杂志争相报道，形势大好，一片热闹。然而这也从侧面说明了卖场中仍然存在许多通过率极差的死角——这一点显而易见，无须做活动线调查。

换言之，我在这里想强调的是——陈列、展示是在向顾客展示店铺的理念，只有以每一件精心雕琢的商品为基础，并得到“店内陈列—顾客动线的流动”“销售管理—销售计划及促销计划”的有效支撑的前提下，才能取得好的结果。

“营销平衡”“底价平衡”等概念屡屡被提起，事实上，为提高店铺的市场占有率，陈列和展示的平衡也十分关键。

绝不是单纯的模仿，而是站在更高的层面、以更开阔的视野看待事物。努力提高对销售计划进行反复假设、验证的能力，这才是实现先进化、高度化之唯一有效的办法。拙作若是能为卖场的工作人员，甚至其他领域的人们的技能提升略尽绵薄之力，那将是我无上的荣幸。

最后请允许我向为本书的出版事宜鞠躬尽瘁的商业界的木村俊雄先生致以最诚挚的谢意。

铃木国朗

“服务的细节”系列

《卖得好的陈列》：日本“卖场设计第一人”永岛幸夫

定价：26.00 元

《为何顾客会在店里生气》：家电卖场销售人员必读

定价：26.00 元

《完全餐饮店》：一本旨在长期适用的餐饮店经营实务书

定价：32.00 元

《完全商品陈列 115 例》：畅销的陈列就是将消费心理可视化

定价：30.00 元

《让顾客爱上店铺 1——东急手创馆》：零售业的非一般热销秘诀

定价：29.00 元

《如何让顾客的不满产生利润》：重印 25 次之多的服务学经典著作

定价：29.00 元

《新川服务圣经——餐饮店员工必学的 52 条待客之道》：日本“服务之神”新川义弘亲授服务论

定价：23.00 元

《让顾客爱上店铺 2——三宅一生》：日本最著名奢侈品品牌、时尚设计与商业活动完美平衡的典范

定价：28.00 元

《摸过顾客的脚才能卖对鞋》：你所不知道的服务技巧，鞋子卖场销售的第一本书

定价：22.00 元

《繁荣店的问卷调查术》：成就服务业旺铺的问卷调查术

定价：26.00 元

《菜鸟餐饮店 30 天繁荣记》：帮助无数经营不善的店铺起死回生的日本餐饮第一顾问

定价：28.00 元

《最勾引顾客的招牌》：成功的招牌是最好的营销，好招牌分分钟替你召顾客！

定价：36.00 元

《会切西红柿，就能做餐饮》：没有比餐饮更好做的卖卖！ 饭店经营的"用户体验学"。

定价：28.00 元

《制造型零售业——7-ELEVEn 的服务升级》：看日本人如何将美国人经营破产的便利店打造为全球连锁便利店 NO. 1!

定价：38.00 元

《店铺防盗》：7 大步骤消灭外盗，11 种方法杜绝内盗，最强大店铺防盗书！

定价：28.00 元

《中小企业自媒体集客术》：教你玩转拉动型销售的 7 大自媒体集客工具，让顾客主动找上门！

定价：36.00 元

《敢挑选顾客的店铺才能赚钱》：日本店铺招牌设计第一人亲授打造各行业旺铺的真实成功案例

定价：32.00 元

《餐饮店投诉应对术》：日本 23 家顶级餐饮集团投诉应对标准手册，迄今为止最全面最权威最专业的餐饮业投诉应对书。

定价：28.00 元

《大数据时代的社区小店》：大数据的小店实践先驱者、海尔电器的日本教练传授小店经营的数据之道

定价：28.00 元

《线下体验店》：日本"体验式销售法"第一人教你如何赋予 O2O 最完美的着地！

定价：32.00 元

《医患纠纷解决术》：日本医疗服务第一指导书，医院管理层、医疗一线人员必读书！ 医护专业入职必备！
定价：38.00 元

《迪士尼店长心法》：让迪士尼主题乐园里的餐饮店、零售店、酒店的服务成为公认第一的，不是硬件设施，而是店长的思维方式。
定价：28.00 元

《女装经营圣经》：上市一周就登上日本亚马逊畅销榜的女装成功经营学，中文版本终于面世！
定价：36.00 元

《医师接诊艺术》：2 秒速读患者表情，快速建立新赖关系！ 日本国宝级医生日野原重明先生重磅推荐！
定价：36.00 元

《超人气餐饮店促销大全》：图解型最完全实战型促销书，200 个历经检验的餐饮店促销成功案例，全方位深挖能让顾客进店的每一个突破点！
定价：46.80 元

《服务的初心》：服务的对象十人百样，服务的方式千变万化，唯有，初心不改！
定价：39.80 元

《最强导购成交术》：解决导购员最头疼的55个问题，快速提升成交率！
定价：36.00元

《帝国酒店——恰到好处的服务》：日本第一国宾馆的5秒钟魅力神话，据说每一位客人都想再来一次！
定价：33.00元

《餐饮店长如何带队伍》：解决餐饮店长头疼的问题——员工力！　让团队帮你去赚钱！
定价：36.00元

《漫画餐饮店经营》：老板、店长、厨师必须直面的25个营业额下降、顾客流失的场景
定价：36.00元

《店铺服务体验师报告》：揭发你习以为常的待客漏洞　深挖你见怪不怪的服务死角　50个客户极致体验法则
定价：38.00元

《餐饮店超低风险运营策略》：致餐饮业有志创业者 & 计划扩大规模的经营者 & 与低迷经营苦战的管理者的最强支援书
定价：42.00元

《零售现场力》：全世界销售额第一名的三越伊势丹董事长经营思想之集大成，不仅仅是零售业，对整个服务业来说，现场力都是第一要素。

定价：38.00 元

《别人家的店为什么卖得好》：畅销商品、人气旺铺的销售秘密到底在哪里？ 到底应该怎么学？ 人人都能玩得转的超简明 MBA

定价：38.00 元

《顶级销售员做单训练》：世界超级销售员亲述做单心得，亲手培养出数千名优秀销售员！ 日文原版自出版后每月加印 3 次，销售人员做单必备。

定价：38.00 元

《店长手绘 POP 引流术》：专治“顾客门前走，就是不进门“，让你顾客盈门、营业额不断上涨的 POP 引流术！

定价：39.80 元

《不懂大数据，怎么做餐饮？》：餐饮店倒闭的最大原因就是“讨厌数据的糊涂账”经营模式。

定价：38.00 元

《零售店长就该这么干》：电商时代的实体店长自我变革。

定价：38.00 元

《生鲜超市工作手册蔬果篇》：海量图解日本生鲜超市先进管理技能

定价：38.00 元

《生鲜超市工作手册肉禽篇》：海量图解日本生鲜超市先进管理技能

定价：38.00 元

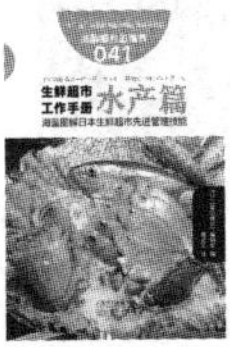

《生鲜超市工作手册水产篇》：海量图解日本生鲜超市先进管理技能

定价：38.00 元

《生鲜超市工作手册日配篇》：海量图解日本生鲜超市先进管理技能

定价：38.00 元

《生鲜超市工作手册副食调料篇》：海量图解日本生鲜超市先进管理技能

定价：48.00 元

《生鲜超市工作手册 POP 篇》：海量图解日本生鲜超市先进管理技能

定价：38.00 元

《日本新干线 7 分钟清扫奇迹》：我们的商品不是清扫，而是“旅途的回忆”

定价：39.80 元

《像顾客一样思考》：不懂你，又怎样搞定你？

定价：38.00 元

《好服务是设计出来的》：设计，是对服务的思考

定价：38.00 元

《让头回客成为回头客》：回头客才是企业持续盈利的基石

定价：38.00 元

《餐饮连锁这样做》：日本餐饮连锁店经营指导第一人

定价：39.00 元

《养老院长的 12 堂管理辅导课》：90%的养老院长管理烦恼在这里都能找到答案

定价：39.80 元

《大数据时代的医疗革命》：不放过每一个数据，不轻视每一个偶然

定价：38.00 元

《如何战胜竞争店》：在众多同类型店铺中脱颖而出

定价：38.00 元

《这样打造一流卖场》：能让顾客快乐购物的才是一流卖场

定价：38.00 元

《店长促销烦恼急救箱》：经营者、店长、店员都必读的“经营学问书”

定价：38.00 元

《餐饮店爆品打造与集客法则》：迅速提高营业额的“五感菜品”与“集客步骤”
定价：58.00 元

《赚钱美发店的经营学问》：一本书全方位掌握一流美发店经营知识
定价：52.00 元

《新零售全渠道战略》：让顾客认识到“这家店真好，可以随时随地下单、取货”
定价：48.00 元

《良医有道：成为好医生的 100 个指路牌》：做医生，走经由“救治和帮助别人而使自己圆满”的道路
定价：58.00 元

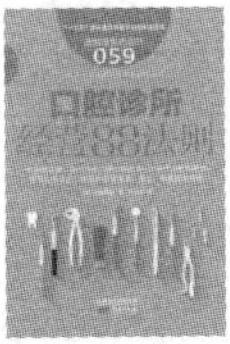

《口腔诊所经营 88 法则》：引领数百家口腔诊所走向成功的日本口腔经营之神的策略
定价：45.00 元

《来自 2 万名店长的餐饮投诉应对术》：如何搞定世界上最挑剔的顾客
定价：48.00 元

《超市经营数据分析、管理指南》：来自日本的超市精细化管理实操读本
定价：60.00 元

《超市管理者现场工作指南》：来自日本的超市精细化管理实操读本
定价：60.00 元

《超市投诉现场应对指南》：来自日本的超市精细化管理实操读本
定价：60.00元

更多本系列精品图书，敬请期待！